VIVIENDO SU VOLUNTAD

CÓMO EL ESPÍRITU SANTO NOS GUÍA A
CUMPLIR NUESTRO PROPÓSITO ETERNO

SEBASTIAN FRANZ

Vida

La misión de Editorial Vida es ser la compañía líder en satisfacer las necesidades de las personas con recursos cuyo contenido glorifique al Señor Jesucristo y promueva principios bíblicos.

VIVIENDO SU VOLUNTAD
Publicado por Editorial Vida – 2024
Nashville, Tennessee

© 2024 Sebastián David Franz
Este título también está disponible en formato electrónico y audio

Adaptación y diseño: *Deditorial*

ISBN: 978-0-82977-311-8
eBook: 978-0-82977-312-5
Audio: 978-0-82977-313-2

La información sobre la clasificación de la Biblioteca del Congreso estará disponible previa solicitud.

CATEGORÍA: Religión / Vida Cristiana / Crecimiento espiritual

IMPRESO EN ESTADOS UNIDOS DE AMÉRICA
PRINTED IN THE UNITED STATES OF AMERICA

24 25 26 27 28 LBC 5 4 3 2 1

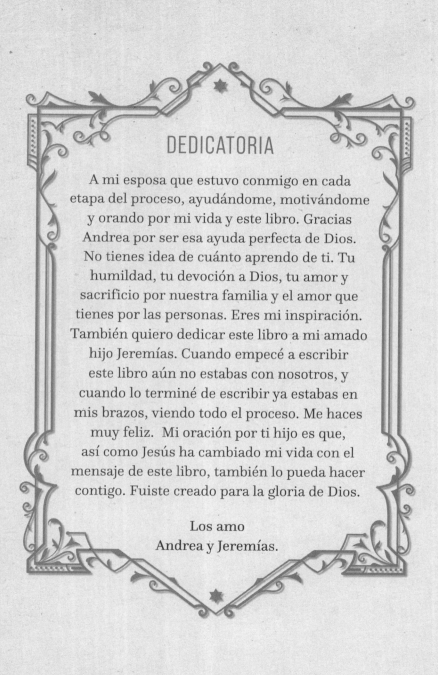

DEDICATORIA

A mi esposa que estuvo conmigo en cada etapa del proceso, ayudándome, motivándome y orando por mi vida y este libro. Gracias Andrea por ser esa ayuda perfecta de Dios. No tienes idea de cuánto aprendo de ti. Tu humildad, tu devoción a Dios, tu amor y sacrificio por nuestra familia y el amor que tienes por las personas. Eres mi inspiración. También quiero dedicar este libro a mi amado hijo Jeremías. Cuando empecé a escribir este libro aún no estabas con nosotros, y cuando lo terminé de escribir ya estabas en mis brazos, viendo todo el proceso. Me haces muy feliz. Mi oración por ti hijo es que, así como Jesús ha cambiado mi vida con el mensaje de este libro, también lo pueda hacer contigo. Fuiste creado para la gloria de Dios.

Los amo
Andrea y Jeremías.

Contenido

Introducción

ODOS BUSCAMOS VIVIR POR alguna causa, razón o propósito que nos ofrezca esperanza. Sin embargo, estos tiempos se han vuelto casi imposibles para encontrar una esperanza debido a la incertidumbre por la que atraviesa nuestro planeta. No es solo encontrar una que nos brinde emoción, sino la que nos proporcione una razón de existir. Muchas cosas o personas pueden darnos esperanza, pero es débil, temporal y muy dentro de nosotros permanece un vacío que anhela ser llenado por una esperanza distinta, inconmovible e inmarchitable.

Tendemos a vivir por algo o alguien y eso rige nuestras vidas, decisiones y emociones. Todos queremos hallar ese lugar ideal, donde podamos encontrar la plenitud de la vida. Eso hace que busquemos ser aprobados, atendidos, aplaudidos y reconocidos para sentir la motivación de seguir adelante. Por el contrario, si no estamos recibiendo el reconocimiento y alcanzando el éxito, perdemos la esperanza. Entonces, hacemos cualquier cosa para ser reconocidos, aun si viola nuestros principios.

Darle un propósito o significado a nuestra vida es un anhelo perpetuo de la humanidad, lo cual también nos lleva a buscar una esperanza que permita cumplir tal propósito. Vivimos esperando que suceda algo especial, que se cumplan nuestros sueños y metas, que nuestro trabajo sea exitoso, que formemos una familia y muchas otras cosas más. Sin embargo, cuando no ocurre como esperábamos, perdemos la esperanza y, como consecuencia, perdemos ese motor interno que nos motivaba para seguir. Sin darnos cuenta podemos llevar años con nuestro tanque de esperanza en cero.

Sin embargo, hay una esperanza poderosa que no depende de factores externos, que no solo nos da fuerza o paz, sino que nos ofrece un propósito y una razón por la cual vivir. Una que va más allá de esta vida finita y corta. Dios nos ha creado con un deseo insaciable de alcanzar esa esperanza eterna, una inquietud íntima por alcanzar un propósito más grande que nosotros mismos, todo ser humano tiene un deseo interno por cumplir la voluntad de Dios, sea consciente de ello o no. La conciencia y la moral son ese residuo del Edén que permaneció dentro del ser humano que gime por cumplir la voluntad de Dios. C. S. Lewis dijo: «El hecho de que nuestro corazón anhele algo que esta tierra no puede proveer es la prueba de que el cielo debe ser nuestro hogar».[1] Ese deseo está impregnado en nuestro ADN. Pienso que esa es la mayor prueba de la existencia de Dios porque Él ha puesto eternidad en nosotros. Somos la única especie que mira al cielo de noche y se pregunta:

«¿Qué hay más allá?».
«¿Cuál es la verdad?».
«¿Cuál es mi propósito?».
«¿Cómo encontrar esperanza?».

Quizás la pregunta más importante es:

«¿Para qué estoy aquí en la tierra?».

Podemos menospreciarnos pensando que somos simplemente un número o una persona más. La realidad es que al compararnos con la inmensidad del universo parecemos insignificantes. Pero no hay nada en toda la creación que Dios no haya creado con un propósito. Tú eres una idea de Dios, y Él nunca tiene malas ideas. El simple hecho de que estés leyendo este libro en este preciso instante podría suponer que hay algo que Dios quiere enseñarte. Hay muchos millones de libros en el mundo, pero este libro ahora está en tus manos.

La voluntad de Dios es el Edén perfecto donde toda persona fue creada para estar. Cada vez que salimos de la voluntad de Dios, abandonamos el lugar ideal de nuestros espíritus. Así como los peces fueron creados para nadar, los pájaros para volar,

> **Tú eres una idea de Dios, y Él nunca tiene malas ideas.**

las bestias del campo para caminar sobre la tierra, de la misma manera el hombre fue creado para habitar en la voluntad de Dios. Pero por mucho tiempo se ha creído que la voluntad de Dios es una clave secreta que debemos de encontrar, algo místico que debemos experimentar, o una alineación perfecta de todos los planetas y entonces podremos vivir en la voluntad de Dios.

Para muchos vivir Su voluntad se ha vuelto imposible debido a la constante búsqueda de ese supuesto misterio. Las preguntas que más nos hacemos día tras día son: ¿cómo sé si es la persona correcta? ¿Cómo sé si es la carrera que debo estudiar? ¿Cómo sé si debo mudarme de país? ¿Como sé si es el trabajo adecuado? Y si nos damos cuenta, todas esas preguntas tienen que ver con descubrir la voluntad de Dios para nuestras vidas. Y pensamos si erro una decisión, salgo de su voluntad y quedo sin su bendición, sin su protección y sin su guía. Sin embargo, esto no es así. Esto es exactamente en lo que el enemigo ha querido que enfoquemos nuestra atención, entonces al pensar que no sabemos Su voluntad en algún área específica, sin darnos cuenta el querer descubrirla se vuelve una excusa para no tomar una decisión y escondernos detrás del miedo y la inseguridad, y así vivir una vida en neutro, sin avanzar para ningún lado. Pero al leer la Biblia vemos que la voluntad de Dios es mucho más simple de lo que creemos, y vivir en el centro de Su voluntad es mucho más fácil de lo que pensamos. Al conocer a Dios, vivir Su voluntad se hace tan natural como el aire que respiramos sin darnos cuenta. Dios nos ha revelado Su voluntad muy claramente en Su Palabra. Y a lo largo de este libro, quiero que veas cada capítulo como los ingredientes necesarios para una receta. Cada capítulo son ingredientes que si los aprendemos y vivimos, naturalmente pasaremos a vivir en el centro de la voluntad de Dios.

Podemos encontrar esperanza en miles de vocaciones, sueños, metas, logros, relaciones y muchas otras cosas que nos ayudan a seguir viviendo y avanzando, pero siempre dependerá de algo o alguien que puede fallar o desaparecer. Además, si ese logro, sueño o meta no se cumple, la esperanza muere. Vivir en la voluntad supera a todas las decisiones que podamos tomar por nuestra propia cuenta, porque nos proporciona una esperanza eterna, que si la encontramos y la hacemos propia, entonces viviremos la vida que Dios diseñó para nosotros.

Quizás ya te has dado cuenta de que algo está mal. Puede que ya hayamos alcanzado nuestros sueños y llegado a la cima de la montaña que siempre quisimos conquistar, pero aun estando allá arriba nos hacemos la siguiente pregunta:

«¿Y ahora qué?».

Nos damos cuenta de que la esperanza por la que estábamos viviendo no llenó nuestras vidas y nos percatamos muy tarde de esa realidad. Es natural pensar que la razón por la cual vivimos se encuentra en esta tierra; sin embargo, ¿qué pasaría si te dijera que tú y yo no fuimos creados para esta tierra, que la razón de tu existir va mucho más allá de los setenta u ochenta años en este planeta?

> # No fuimos creados para ser seguidos, sino para ser guiados.

Es extenuante gastar nuestro tiempo con los ojos puestos en los vaivenes de este mundo. Es aún más frustrante y agotador que nosotros mismos seamos la razón por la que vivimos.

No fuimos creados para ser seguidos, sino para ser guiados. Sin embargo, la cultura de este mundo nos dice por todos lados:

«Haz lo que sientes».

«Sigue a tu corazón».

«Tú eres lo que deseas ser».

Creo que los niveles nunca antes vistos de ansiedad y depresión actuales se deben a que nos estamos mirando demasiado, prestándonos demasiada atención, escuchándonos a nosotros mismos y cediendo a los deseos de nuestro cuerpo, sabiendo que es un cuerpo pecaminoso y contaminado. Tu razón de existir y tu propósito de vida son más grandes que tú mismo.

¿Qué opinarías si te digo que todo lo creado —animales, naturaleza, estrellas, galaxias, microorganismos y nosotros, los seres humanos— fue hecho para la gloria de Dios? Y que esta es la máxima voluntad de Dios para Su creación. Glorificarlo a Él. Al leer esto, hay varias respuestas posibles. En primer lugar, podemos tener cierta formación o cultura cristiana, por lo que esa frase nos suena familiar y creemos estar de acuerdo y decir «amén» a esa declaración, pero sin entender claramente lo que significa vivir para la gloria de Dios. En segundo lugar, podríamos mostrar cierta resistencia y preguntarnos: «¿Por qué Dios me crearía para su gloria? ¿Qué tal si no quiero vivir para darle gloria a Dios?». Finalmente, podemos no saber qué significa vivir para la gloria de Dios. Sin importar tu respuesta, esa es la razón por la cual tú y yo existimos.

Vivir para la gloria de Dios es vivir en el centro de la voluntad de Dios. Por lo tanto, el hecho de que fuimos creados para la gloria de Dios va mucho más allá de lo que podamos hacer para Dios; más bien, se trata de conocerlo a Él, y ser conocido por Él.

Dios no creó el universo y al ser humano porque se sentía solo y los necesitaba. Él no necesita nada y lo creado simplemente manifiesta su gloria, poder y magnificencia. Todo fue creado para su gloria. De Él brota la vida. Un pintor tampoco crea un cuadro porque lo necesita, sino porque quiere plasmar en arte lo que hay en su corazón. ¿Por qué crea esa obra? La pintura del pintor refleja su gloria a través de su habilidad. Por lo tanto, si Dios creó todo lo que existe para su gloria, esto quiere decir que nuestro mayor propósito como seres vivos es conocerlo y así glorificarlo en todo lo que hacemos y somos. Es allí donde encontramos el verdadero significado de la vida.

Tu vida glorifica a Dios seas consciente o no de esa realidad porque eres una creación admirable, hecha por y para Él. Sin embargo, debemos entender que, aunque nuestras vidas lo glorifiquen simplemente por existir —como la de los animales, los insectos y la creación—, Dios nos hizo diferentes al resto de la creación y nos dio conciencia, sabiduría y libre albedrío para que lo glorifiquemos conscientemente y llevemos a cabo la misión que nos asignó en esta tierra, y así cumplamos Su voluntad para nuestras vidas. Seremos transformados y volveremos a la esencia de nuestra existencia cuando voluntariamente decidamos glorificarlo y así vivir en el centro de Su voluntad.

Quisiera invitarte a que en el transcurso de los próximos capítulos me acompañes a estudiar en profundidad cómo vivir vidas que existan para glorificar a Dios, y cumplir Su voluntad en nuestras vidas. Veremos cómo podemos vivir glorificándolo por medio de todas nuestras decisiones, cómo dejar un legado de fe que lo glorifique más allá de nuestra existencia, cómo lograr que otros puedan ver la gloria de Dios en nosotros, pero sobre todo, a través de este libro conoceremos realmente a aquel que es la imagen visible de Dios, quien habitó entre nosotros y vimos su gloria, la manifestación misma de la gloria de Dios.

Le pido a Dios que su Espíritu Santo pueda revelarte lo que realmente significa glorificar a Dios. Porque cuando nos enfocamos en glorificarlo, caminamos en Su voluntad para nuestras vidas. Oro para que la lectura de este libro te lleve a tener una vida que solo exista con el fin de darle gloria a Dios y esté llena de una esperanza incorruptible o, en otras palabras, llena de Él. Esta esperanza es Jesús. Él es la esperanza de gloria porque nos da una razón de existir mucho más grande que la que podamos imaginar. Él es aquel que nuestro corazón desea, aun sin saberlo. Él nos llevará a vivir vidas que glorifiquen a Dios con cada decisión que tomemos. Pídele al Espíritu Santo que hable a tu corazón, que traiga entendimiento y una mayor revelación de la gloria de Dios.

Mi mayor oración es que el Espíritu Santo, a través de las páginas de este libro, pueda revelarte la gloria de Dios reflejada en el corazón de Cristo Jesús como nunca la has conocido, y te ofrezca una razón de vivir que cambie el resto de tu vida para siempre y que al finalizarlo tu vida exista solo para la gloria de Dios.

CAPÍTULO

1

Mi mejor amigo

«Pero el Consolador, el Espíritu Santo,
a quien el Padre enviará en Mi nombre,
Él les enseñará todas las cosas, y les
recordará todo lo que les he dicho».

(Juan 14:26)

MPIEZO ESTE LIBRO HABLANDO de la persona que cambió mi vida por completo, me transformó y me dio una nueva razón de existir. Es la persona que diariamente me muestra mis errores, pecados y defectos, transformándome cada vez más a la imagen de Cristo Jesús. No hay otro tema más importante que comenzar hablando de aquel que también descendió del cielo para estar con y en nosotros, consolándonos, abrazándonos, cuidándonos, guiándonos y haciendo que la Palabra de Dios se torne viva en nuestro interior en cada momento del día. Esta persona es el Espíritu Santo.

Decidí empezar escribiendo sobre el Espíritu Santo porque será nuestro acompañante durante el resto del libro y nos revelará la verdad de Dios. Tengo la convicción de que el Espíritu Santo me guio a través de cada una de estas páginas. Quisiera animarte a que abras tu corazón y permitas que el Espíritu Santo te guíe a ti también mientras lo lees. Este libro no tiene ningún poder para cambiar tu vida, sino el Espíritu Santo. Este libro es solo un instrumento en sus manos. A lo largo de estos capítulos hablaremos sobre muchos temas esenciales para vivir una vida que glorifique a Dios, así como muchas otras verdades, pero empezaremos hablando sobre el Espíritu Santo para conocer su persona y obra porque solo Él puede pasar toda esa información de nuestra cabeza a nuestro espíritu. Uno puede tener mucha información sobre Dios y la Biblia, pero sin la revelación y la guía del Espíritu Santo, todo queda como mera información. Mi deseo es que no solo aprendas más de Dios, sino que experimentes más de Él. El propósito de este libro es que el Espíritu Santo glorifique a Jesús mientras lo lees.

Este capítulo es tan significativo que, si no lo captas realmente, el resto no tiene importancia. El mensaje clave de este libro es que entendamos que fuimos creados para glorificar a Dios y disfrutar de su gloria. Nuestro máximo propósito es que nuestras vidas glorifiquen a Dios cada día que tengamos en esta tierra, para así poder conocer y abrazar la esperanza de gloria.

Haber conocido al Espíritu Santo ha sido una de las experiencias más poderosas y especiales que he tenido en mi vida. Es posible que estés familiarizados con la iglesia, Dios, Jesús y el Espíritu Santo como lo estuve yo por muchos años. Pensaba que conocía a Dios, hasta que llegó el día en que realmente me di cuenta de que solo sabía sobre Él, pero realmente no lo conocía.

Nací en un hogar cristiano y pertenezco a la quinta generación de cristianos en mi familia. Mi tatarabuelo, fotógrafo y pastor, emigró de Alemania a Paraguay. Uno de los recuerdos más impactantes de mi niñez es cuando mi abuelo me contaba que encontraba a su abuelo tocando el violín y llorando. Cuando le preguntaba por qué lloraba, respondía: «Es que estoy orando para que nuestras futuras generaciones sirvan y conozcan a Jesús». Esta historia siempre marcó mi corazón mientras pensaba en cómo mi tatarabuelo ya se preocupaba por su descendencia en el futuro y clamaba por ellos a Dios. Mis padres son pastores y realmente puedo decir que crecí en una casa donde Dios siempre fue mucho más que una religión, siendo más bien una persona a quien podíamos conocer y seguir.

Crecí en una familia cristiana y saludable, pero no fue hasta mis trece o catorce años que conocí personalmente al Espíritu Santo. Se dice que los que nacen en familias cristianas pueden seguir más fácilmente a Jesús que aquellos que no nacieron en hogares cristianos. Creo que esto no es verdad. Hay muchas personas que nacieron en cunas cristianas y hoy no conocen al Señor, mientras que muchas que nacieron en familias sin conocimiento de Dios, hoy aman y conocen a Jesús. Una relación con Dios no se puede heredar, cada uno se encuentra con la gracia y la persona de Jesús cuando personalmente se humilla y reconoce su condición de pecado.

El tema del Espíritu Santo no ha sido muy prevalente en las iglesias y se ha considerado hasta como un tema tabú o de difícil comprensión. Las iglesias que sí hablaban del Espíritu Santo eran consideradas como raras y diferentes. Pienso que esto ha sido una estrategia del enemigo para adormecer a la iglesia de Cristo. Es muy poco probable que un cristiano que desconoce la persona y la obra del Espíritu Santo viva como Dios nos manda a vivir, e incluso le será muy difícil permanecer hasta el fin.

El Señor dice: «Mi pueblo es destruido por falta de conocimiento» (Oseas 4:6). En este caso, el enemigo ha usado esta falta de conocimiento del Espíritu Santo para enfriar nuestra relación con Jesús. Como dije antes, crecí en una familia cristiana donde me enseñaron sobre la Biblia, el Padre, el Hijo y el Espíritu Santo, pero conocer al Espíritu Santo va más allá de recibir solo instrucción acerca del tema. Mucha información no es suficiente para conocerlo realmente.

Tenía alrededor de catorce años cuando estaba acompañando a mi padre a la iglesia. Decidí esperarlo en el auto mientras terminaba sus reuniones del día. Allí recordé que me habían regalado un libro sobre el Espíritu Santo que había olvidado en la guantera del vehículo. Encontré el libro y lo empecé a leer. Era un libro muy simple que presentaba al Espíritu Santo y explicaba cómo conocerlo y tener una relación con Él. Yo suponía que el Espíritu Santo era Dios, pero que era más como una fuerza o un poder dado por Dios. Llegué a una parte donde te invitaban a hacer una oración muy sencilla: «Espíritu Santo, enséñame a ser tu amigo».

Ni bien terminé esa oración en el auto, algo sucedió dentro de mí y comencé a llorar sin saber por qué. Esto no era común para mí, nunca me había pasado algo así. Mi relación con Dios era distante y fría y aunque solía ver en la iglesia cómo las personas lloraban, levantaban las manos y eran tocadas por Dios, nunca me había sucedido a mí. Empecé a ser ministrado por el Espíritu Santo en ese momento y algo despertó en mi interior. Quería dejar de llorar, pero no podía. Vi que mi padre regresaba al auto y por vergüenza volteé el rostro y me mantuve mirando hacia afuera en silencio hasta llegar a la casa. Ni bien llegamos fui directo a mi cuarto y empecé a llorar de nuevo. En ese momento pude sentir el amor y el abrazo del Espíritu Santo, como si me dijera que estaba conmigo y que también quería ser mi amigo.

Desde ese día mi vida cambió para siempre. Conocer al Espíritu Santo como una persona y no como una fuerza impersonal transformó mi manera de verlo a Él, a Dios, a la iglesia, a las personas y hasta a mi vida. Empecé poco a poco a desarrollar una amistad personal con el Espíritu Santo. Incluso la lectura de la Biblia fue diferente para mí, porque entendí que el Espíritu Santo nos revela la verdad, nos enseña el camino, nos guía, cuida, consuela, abraza y nos ayuda a perseverar hasta el fin de los tiempos.

Algunos escuchan hablar del Espíritu Santo y ya piensan en una experiencia sobrenatural, pero me he dado cuenta de que también nos habla a través de detalles muy sencillos de nuestro diario vivir. Inclusive no considero mi primer encuentro con el Espíritu Santo como algo sobrenatural, sino que simplemente sentí una convicción profunda y un abrazo hermoso a mi alma.

Ahora pueden entender por qué este capítulo es tan especial para mí. Conocer al Espíritu Santo transformó completamente todas las áreas de mi vida. No fue un cambio instantáneo, sino una conversión gradual por la obra del Espíritu. Desde ese primer encuentro nada ha sido igual.

No importa si naciste o no en un hogar cristiano, si se conversó sobre el tema del Espíritu Santo o si nunca oíste nada del asunto. Lo importante es que el Espíritu Santo quiere empezar una amistad contigo y llegar a ser tu mejor amigo. Oro para que Él abra los ojos de tu corazón a la verdad de la Palabra de Dios y, tal como me sucedió a mí, puedas empezar una vida de amistad con el Espíritu de Dios. Él quiere caminar contigo, enseñarte el camino, transformar tu corazón, avivar tu espíritu y prepararte para el día tan esperado en que se producirá la segunda venida de nuestro señor Jesús.

Te invito a que hagas esta oración conmigo:

> *Espíritu Santo, hoy quiero ser tu mejor amigo.*
> *Enséñame a tratarte como a una persona y no*
> *   como a una cosa.*
> *Espíritu Santo, quiero conocerte.*
> *Amén.*

Siempre me ha gustado imaginarme el regreso de Jesús al cielo después de cumplir con su obra en la tierra. El recibimiento debió ser tremendo. Imagino que después se le acercaron algunos ángeles y le dijeron: «¡Jesús, qué grandioso fue lo que hiciste en la tierra! ¡Cuán poderoso, cuán majestoso fue perdonar el pecado a través de tu obra en la cruz! Sin embargo, tenemos una pregunta, sabemos que dejaste a doce hombres (bueno en realidad once, porque uno te traicionó) a cargo de llevar las buenas nuevas y salvar de entre todas las futuras generaciones, pero si no lo hacen, ¿tienes algún plan B?». Me imagino a Jesús mirando fijo a los ángeles y diciéndoles: «No, no tengo un plan B, son ellos o nadie». Doy gracias a Dios por esos primeros discípulos que dieron la vida por el evangelio para que hoy tú y yo estemos aquí. Entonces, surge la pregunta: ¿estará alguien agradeciendo por tu vida de aquí a doscientos o trescientos años, por predicar el mensaje de Jesús y glorificar a Dios en la tierra? Hoy nosotros tenemos la misma responsabilidad que tenían los discípulos hace dos mil años, pero no estamos solos para enfrentar esa tarea monumental.

Jesús no nos dejó solos al encomendarnos esta gran misión. No nos envió al mundo con nuestras propias fuerzas ni nuestro propio poder. Si fuera así, seguro que no lo lograríamos. El Señor nos dejó al más poderoso a nuestro lado, incluso en nosotros mismos, pero vivimos sin acudir a Él ni depender de Él. No somos los únicos que fuimos llamados a glorificar a Jesús en la tierra, esa tarea también le corresponde al Espíritu Santo. La iglesia no existiría si no fuera por el Espíritu Santo. Él fue, es y será quien prepara, equipa y transforma a hombres y mujeres para glorificar a Dios. Por lo tanto, primero debemos conocer y ser amigos del único que sabe cómo glorificar a Dios, el Espíritu Santo. Él tiene todos los títulos, maestrías y doctorados sobre cómo glorificar a Dios, pues a eso se dedica. La razón por la que cuesta vivir glorificando a Dios y disfrutando de Él es porque todavía no conocen ni se han entregado por completo al Espíritu Santo. Él no solo nos ayuda a glorificar a Dios, sino que también nos lleva a disfrutar del Señor por medio de sus revelaciones a nuestro espíritu. El Espíritu Santo viene a morar en el interior de todos los que creen en

> ¿Estará alguien agradeciendo por tu vida de aquí a doscientos o trescientos años, por predicar el mensaje de Jesús y glorificar a Dios en la tierra?

Jesús como Señor y Salvador, pero saber que mora en ti no significa que lo conozcas bien y mucho menos que gobierne tu vida.

Aún tengo muchas cosas que decirles, pero ahora no *las* pueden soportar. Pero cuando Él, el Espíritu de verdad venga, los guiará a toda la verdad, porque no hablará por Su propia cuenta, sino que hablará todo lo que oiga, y les hará saber lo que habrá de venir. Él me glorificará, porque tomará de lo Mío y se *lo* hará saber a ustedes. Todo lo que tiene el Padre es Mío; por eso dije que Él toma de lo Mío y se *lo* hará saber a ustedes. (Juan 16:12-15 énfasis añadido).

> Es imposible que una persona que tiene al Espíritu Santo, lo conoce y establece una relación con Él no refleje cada día más a Jesús, porque hacernos cada día más como Cristo es lo que el Espíritu Santo hace en la vida del creyente.

Este pasaje permite ver claramente que Jesús dice que el Espíritu Santo lo glorificaría. Es interesante notar que una de las maneras en que el Espíritu Santo glorifica a Jesús es dándolo a conocer a sus discípulos y una de las maneras en que lo glorificamos es dándolo a conocer al mundo. Esto explica muchas cosas. Por ejemplo, si no tengo el deseo ardiente en mi corazón de hablar de Jesús y mostrarlo en todo lo que hago, esto quiere decir que estoy reprimiendo al Espíritu Santo, no tengo una relación con Él o simplemente no habita en mí. Es imposible que una persona que tiene al Espíritu Santo, lo conoce y establece una relación con Él no refleje cada día más a Jesús, porque hacernos cada día más como Cristo es lo que el Espíritu Santo hace en la vida del creyente. Por eso, sin el Espíritu Santo es imposible que demos a conocer a Jesús al mundo de manera efectiva. El evangelio sin el Espíritu Santo es como un océano sin agua.

Así lo entendía y enseñaba Jesús y los primeros discípulos también lo comprendían muy bien. La razón principal por la que Jesús vino a morir en la tierra fue para perdonar nuestros pecados y salvar a la humanidad. Como parte del plan divino, una de las cosas que más emocionaban al Padre y al Hijo era que, a partir de ese momento, el Espíritu Santo vendría a habitar dentro de aquellos que creían en el nombre de Jesús.

Jesús se mostró muy emocionado luego de haber resucitado. La primera vez que se apareció a sus discípulos les dice: «"Paz a ustedes; como el Padre me ha enviado, *así* también Yo los envío". Después de decir esto, sopló sobre *ellos* y les dijo: "Reciban el Espíritu Santo"» (Juan 20:21-22).

Así como un papá va corriendo hacia su hijo para darle algo valioso, así también Jesús fue hacia sus discípulos para soplar en ellos el Espíritu Santo. ¡Cuán hermoso es esto! Jesús desea que conozcamos al Espíritu Santo, porque nos revelará más del Padre y su gloria y nos ayudará a mantenernos firmes hasta el fin.

Los hijos de Dios recibimos al Espíritu Santo como promesa del Padre y sello de nuestra salvación. Nos convertimos en su morada. Sin embargo, su presencia en nosotros no significa que lo conozcamos y menos que nuestras vidas están gobernadas por Él, de la misma manera que recibir a Jesús en nuestros corazones no quiere decir que ya lo conocemos por completo. Desarrollar nuestro conocimiento de Jesús y del Espíritu Santo es algo que debemos cultivar en nuestras vidas.

Ya he mencionado que conocer al Espíritu Santo en mi adolescencia cambió la manera en la que veía a Dios, la iglesia y la

Palabra de Dios. Lo repito porque no dimensionamos lo privilegiados que somos al tener al Espíritu Santo para que nos revele los secretos del reino de Dios. Para empezar a vivir una vida que glorifique a Dios, debemos conocer y dejarnos conducir por el Espíritu Santo, la persona que mejor lo sabe glorificar. Cuánto más lo conozcamos, más glorificaremos a Cristo en nuestras vidas.

Sin el Espíritu Santo es imposible crecer en santidad, pues Él produce esa virtud en nosotros, es decir, el deseo de agradar y complacer a Dios. Si no tenemos ese deseo que proviene del Espíritu Santo de crecer en santidad, mucho menos tendremos el deseo de glorificar a Dios en nuestras vidas. El apóstol Pablo señala:

> Digo, pues: anden por el Espíritu, y no cumplirán el deseo de la carne. Porque el deseo de la carne es contra el Espíritu, y el *del* Espíritu es contra la carne, pues estos se oponen el uno al otro, de manera que ustedes no pueden hacer lo que deseen. Pero si son guiados por el Espíritu, no están bajo la ley. (Gálatas 5:16-18)

La razón por la que estamos atados a algún pecado no es porque seamos muy débiles, sino porque no estamos experimentando y conociendo al Espíritu Santo ni andando bajo su guía. El pecado es lo opuesto a glorificar a Dios y produce el enfriamiento de nuestros corazones, no el calor del Espíritu Santo.

Es cierto que el Espíritu Santo nos ayuda a glorificar a Dios, a dejar de pecar, a predicarles a nuestros amigos, a evangelizar en las calles y a ser más santos, pero creo firmemente que una de las cosas que más glorifican a Dios es un carácter sano. El fruto del Espíritu nos permite ver que todas esas virtudes están estrechamente relacionadas con nuestro carácter: «Pero el fruto del Espíritu es amor, gozo, paz, paciencia, benignidad, bondad, fidelidad, mansedumbre, dominio propio; contra tales cosas no hay ley» (Gálatas 5:22-23).

No son pocos los que han sido dañados por la «iglesia», es decir, por haber enfrentado algún problema producto del carácter de ciertas personas. Si queremos glorificar a Dios, de nada nos sirve ir gritando por las calles su mensaje si no lo glorifica nuestro carácter en nuestros hogares, con nuestros amigos y compañeros de trabajo. De nada sirve ser una persona «ungida» sin carácter. Muchos buscan la unción, el poder, el llamado, las plataformas y todas esas cosas visibles, pero la realidad es que, si nuestro carácter no es moldeado por el Espíritu Santo, no llegaremos a ningún lugar.

Jesús pasó tres años formando el carácter de sus discípulos y enseñándoles a vivir de forma que glorificaran a Dios. Sin embargo, aún después de recibir al Espíritu Santo seguían cometiendo errores. El carácter es lo más esencial que debemos formar en nuestras vidas con la ayuda del Espíritu Santo. El don te puede levantar a la cima de la montaña, pero el carácter te mantiene en ese lugar. Si leemos las historias de los grandes hombres de Dios en la Biblia —como Moisés, Abraham, José y tantos otros— vemos que durante años pasaron por procesos que moldearon su carácter.

¿Por qué es tan importante el carácter?

> Si queremos glorificar a Dios, de nada nos sirve ir gritando por las calles su mensaje si no lo glorifica nuestro carácter en nuestros hogares, con nuestros amigos y compañeros de trabajo.

En primer lugar, se puede convertir en un tirano una persona que reciba poder y autoridad sin un carácter bien formado. A lo largo de la historia hemos visto a personas asumir puestos de autoridad sin un carácter formado, y lo único que produjeron fueron desgracias. En segundo lugar, nuestro carácter y la manera en la que vivimos son la mayor carta de evangelismo que tenemos. Hay una frase atribuida a San Francisco de Asís que dice: «Predica el evangelio en todo momento y, si es necesario, usa las palabras».[1] Jesús también declaró: «En esto conocerán todos que son Mis discípulos, si se tienen amor los unos a los otros» (Juan 13:35). Él fue bien claro cuando dijo cómo quería que hiciéramos discípulos de entre todas las naciones: ¡amándonos los unos a los otros! Para amarnos se necesita carácter y para tenerlo se necesita el fruto del Espíritu Santo. Para mostrar su fruto necesitamos humillarnos y tener una relación personal con el Espíritu de Dios.

Jesús fue igualmente muy claro cuando habló sobre qué es la vida eterna. Él dijo: «Y esta es la vida eterna: que te conozcan a Ti, el único Dios verdadero, y a Jesucristo, a quien has enviado» (Juan 17:3). Podemos empezar a vivir ya la vida eterna desde la tierra conociendo al Padre y al Hijo. Saber *quién* es Dios es muy diferente a saber *cómo* es Él. El mundo sabe quién es Dios y quién es Jesús, ya sea por conversaciones, por las redes sociales o por la tradición familiar, pero esto no es a lo que Jesús se refería cuando dijo: «La vida eterna es que te conozcan». La vida eterna implica saber cómo es Él, conocer su corazón, deseos, carácter y atributos, así como cuando conocemos bien a cualquier persona. Conocer a Dios cambia nuestras vidas porque vamos siendo transformados a su imagen y semejanza a medida que lo vamos conociendo. Sin embargo, será imposible conocer a Dios sin el Espíritu Santo, pues su misión aquí en la tierra es glorificar a Jesús dándolo a conocer. Por eso debemos buscarlo, conocerlo, ser sus amigos y permitirle que gobierne nuestras vidas.

El Espíritu Santo es la persona de la Trinidad que permanece con nosotros. El Espíritu Santo nos enseña la Biblia, a orar, amar, perdonar y liderar. Juan se refiere en su evangelio al Espíritu Santo como el Espíritu de verdad, porque solo a través de Él se verá y se entenderá la verdad. Jesús dijo:

> Entonces Yo rogaré al Padre, y Él les dará otro Consolador para que esté con ustedes para siempre; *es decir*, el Espíritu de verdad, a quien el mundo no puede recibir, porque ni lo ve ni lo conoce, *pero* ustedes sí lo conocen porque mora con ustedes y estará en ustedes. (Juan 14:16-17)

Resulta interesante que Jesús primero habló en presente («mora con ustedes») y luego en futuro («estará en ustedes»). Vimos suceder esto justo después de su resurrección cuando apareció a sus discípulos y sopló sobre ellos y les dijo que recibieran el Espíritu Santo. Si le has entregado tu vida a Jesús, Él ha soplado en ti su Santo Espíritu para que vivas la vida que se nos ha mandado vivir, pero, sobre todo para que lo disfrutes a Él, conociéndolo y amándolo a través del Espíritu Santo. Nunca olvides que tienes al poderoso, eterno, sublime y santo Espíritu de Dios dentro de ti y que debes buscar su guía, consuelo y poder en vez de vivir con tus propias fuerzas. Lo veo de esta manera: es como si Superman se diera cuenta de que se le quemó un foco del techo de su casa y bajara al garaje, buscara una escalera, la llevara hasta la cocina, se subiera en ella y cambiara el foco, luego cerrara la escalera y la volviera a llevar al garaje en donde estaba; cuando en realidad, simplemente podía volar y cambiarlo en unos segundos.

Muchos actuamos así, olvidando que el poder de Dios habita en nosotros por medio del Espíritu Santo. Eso nos hace gastar energía, tiempo, recursos e incluso nuestra vida en vez de haber acudido al Espíritu, que está en nuestro interior, y así obtener muchos mejores resultados.

Entrégale hoy tu vida al Espíritu Santo y deja que te proporcione el mapa para vivir una vida que glorifique a Dios.

La NASA reveló recientemente unas imágenes impresionantes de nuestro universo captadas a través del telescopio James Webb. Pudimos observar miles y miles de galaxias que albergan millones de estrellas, planetas y cuerpos celestes. Poder ver esas galaxias lejanísimas me llevó a pensar en la grandeza, imaginación y creatividad de nuestro Dios. Esas imágenes nos permiten comprobar que Dios no se limita y siempre va muchísimo más allá de nuestra imaginación. Ahora bien, si nuestro universo es creación de Dios y resulta tan grande e inteligente, ¿cuánto más grande e imponente será nuestro Dios? La Biblia nos enseña que hay alguien que conoce las profundidades de Dios:

> Muchos actuamos así, olvidando que el poder de Dios habita en nosotros por medio del Espíritu Santo. Eso nos hace gastar energía, tiempo, recursos e incluso nuestra vida en vez de haber acudido al Espíritu, que está en nuestro interior, y así obtener muchos mejores resultados.

Pero Dios nos *las* reveló por medio del Espíritu, porque el Espíritu todo lo escudriña, aun las profundidades de Dios. Porque entre los hombres, ¿quién conoce los *pensamientos* de un hombre, sino el espíritu del hombre que está en él? Asimismo, nadie conoce los *pensamientos* de Dios, sino el Espíritu de Dios. (1 Corintios 2:10-11)

¡Es imposible imaginar cómo serán las profundidades de Dios! Si nuestra galaxia y el universo son tan profundos, cuánto más lo será su Creador. Podríamos pensar: *Ya conozco a Dios, ya sé mucho de Él.* Sin embargo, ese pensamiento sería como si dijeras que conoces el espacio porque ya viste la luna y las estrellas. Hay tanto por conocer de Dios, que incluso creo que conocerlo a Él es de lo que trata todo en la vida en esta tierra y en la vida venidera. Jesús lo dejó en claro cuando dijo que la vida eterna es conocer a Dios. Dios nos dio su Espíritu para que nos pueda revelar las profundidades de su corazón. Sin comunión con el Espíritu Santo nunca podremos conocer las profundidades de Dios, ni disfrutar de su amor y la gracia de Jesús. La bendición de Pablo a los cristianos de Corinto lo manifiesta: «La gracia del Señor Jesucristo, el amor de Dios y la comunión del Espíritu Santo sean con todos ustedes» (2 Corintios 13:14 énfasis añadido). La comunión con el Espíritu Santo nos lleva a vivir una vida victoriosa, pero para muchos solo es una verdad aprendida, pero nunca aplicada.

Dios quiere tener comunión con los suyos, compartir y darse a conocer. Su requisito es uno solo:

Estar dispuesto.

Nadie conoce los pensamientos de Dios, solo el Espíritu Santo y está esperando revelárselos al que lo busca. Pablo dice: «Y nosotros hemos recibido, no el espíritu del mundo, sino el Espíritu que viene de Dios, para que conozcamos lo que Dios nos ha dado gratuitamente» (1 Corintios 2:12). El Espíritu Santo toma las palabras de Dios y nos hace recibirlas, entenderlas y creerlas.

Si queremos vivir una vida que glorifique a Dios, debemos dejarnos gobernar por el espíritu Santo que vive para glorificarlo. Recuerda, no se trata de qué tanto tienes del Espíritu Santo, sino de cuánto Él tiene de ti.

> Dios nos mandó a su Espíritu Santo para llevarnos de vuelta al diseño original. Él estuvo presente desde el principio de la creación y conoce cada detalle del plan divino original.

Siempre me ha gustado recordar que Dios creó todo bajo un diseño original, un plan de cómo deberían ser todas las cosas. Ese diseño perfecto ha sido distorsionado por el pecado. Cuando los fariseos quisieron poner a prueba a Jesús cuestionándolo sobre el divorcio, Él les respondió: «Por la dureza de su corazón Moisés les permitió a ustedes divorciarse de sus mujeres; pero no ha sido así desde el principio» (Mateo 19:8). Jesús estaba diciendo que, básicamente, el divorcio no formaba parte del diseño original de Dios, pero nosotros corrompimos el diseño original por el pecado. Dios nos mandó a su Espíritu Santo para llevarnos de vuelta al diseño original. Él estuvo presente desde el principio de la creación y conoce cada detalle del plan divino original.

En el principio Dios creó los cielos y la tierra. La tierra estaba sin orden y vacía, y las tinieblas cubrían la superficie del abismo, y el Espíritu de Dios se movía sobre la superficie de las aguas. (Génesis 1:1-2)

El Espíritu Santo tiene un trabajo esencial en esta tierra desde el principio de la creación. Estuvo trabajando cuando la tierra era un caos total y estaba llena de oscuridad. Eso es exactamente lo que el Espíritu Santo hace en nuestros corazones. Cuando hay caos y oscuridad, Él prepara el corazón para que Dios venga y cree en nosotros un corazón nuevo que revele su gloria. El Espíritu Santo siempre precede a la manifestación de la gloria de Dios, incluso Él mismo es el que nos revela la gloria divina.

Estos últimos años de la historia de nuestra humanidad son tiempos muy diferentes a los de hace unos cincuenta o cien años atrás. El mundo está cambiando a pasos abismales cada día del año. La tecnología, las comunicaciones, los medios, todo está avanzando muy rápido y estamos viviendo en la era de mayor información y redes que haya existido en la historia de la humanidad. Sin embargo, millones de personas están solas, rodeadas de gente, pero al mismo tiempo aisladas por redes sociales y celulares que crean una realidad virtual totalmente nueva. No obstante, así como desde el principio el Espíritu Santo estaba moviéndose sobre la superficie de las aguas hasta el momento en que Dios dijo: «¡Sea la luz!», así también Él puede traer orden, esperanza y ofrecer un nuevo comienzo a través de Jesús en nuestros días.

> El Espíritu Santo siempre precede a la manifestación de la gloria de Dios, incluso Él mismo es el que nos revela la gloria divina.

El Espíritu Santo siempre está presente, preparando el corazón de nuestra generación, nuestras familias, nuestros amigos y la iglesia. La pregunta es: ¿estamos dándole lugar para que prepare nuestros corazones? Para que eso suceda, primero debemos asegurarnos de que estamos teniendo una relación personal e íntima con Él. Mientras más lo busques, más sensible serás a su voz. Hasta llegará un momento en el que podrás decir como Pablo: «Digo la verdad en Cristo; no miento. Mi conciencia me lo confirma en el Espíritu Santo». (Romanos 9:1, NVI).

> Mi conciencia me lo confirma en el Espíritu Santo.

Una de las preguntas que más nos hacemos es: «¿Cómo hago para escuchar a Dios?» o «¿Cómo sé si es Dios el que me está hablando?». Sin embargo, creo que cuando invertimos en tener una relación personal diaria con el Espíritu Santo, entonces podemos estar tan llenos de Él y de la Palabra de Dios que tenemos una buena comunión con el Espíritu Santo. Eso mismo sucede en todo matrimonio o toda relación donde las personas han pasado mucho tiempo conociéndose y permaneciendo juntas. Después de un tiempo, los esposos ya saben lo que quieren decir sus cónyuges con tan solo una mirada, saben lo que están pensando y qué va a suceder si no actúan de cierta manera. Lo mismo ocurre con el Espíritu Santo, después de pasar tiempo con Él, solamente necesitamos una leve indicación y ya sabemos lo que su corazón desea.

La lectura de la Biblia nos permite darnos cuenta de un patrón muy interesante que se repite con frecuencia. Los seres humanos no saben percatarse de la presencia de Dios. El Antiguo Testamento nos muestra que Dios les mostraba su gloria a los israelitas con una nube sobre el tabernáculo de día y una llama de fuego en la noche. No obstante, incluso al contemplar su gloria, en realidad no dimensionaban en sus corazones lo que significaba que Dios estuviera con ellos y continuamente se volvían a los ídolos. Dios estaba en medio de ellos y no se daban cuenta. En el Nuevo Testamento nos percatamos de que pasó lo mismo con Jesús. El Hijo de Dios estaba en medio de ellos y no lo reconocieron: «A lo Suyo vino, y los Suyos no lo recibieron» (Juan 1:11). Jesús caminaba entre ellos, comía y bebía con ellos y no se daban cuenta de quién era Él realmente, de que el Hijo de Dios estaba en medio de ellos. Sucedió lo mismo cuando el Espíritu Santo vino a la tierra. Hechos nos cuenta que, cuando los discípulos fueron llenos del Espíritu Santo, muchos que vieron las manifestaciones de tal aconteci-miento empezaron a burlarse y a atribuirle diferentes razones a las señales: «Todos estaban asombrados y perplejos, diciéndose unos a otros: "¿Qué quiere decir esto?". Pero otros se burlaban y decían: "Están borrachos"» (Hechos 2:12-13). Eso no solo le sucede a la gente de ese tiempo, sino que también nos sucede a nosotros. Sigue sucediendo aún entre muchos cristianos. Muchos creen en el Espíritu Santo, pero nunca lo han podido conocer realmente. Es como si hubiéramos dejado al Espíritu mirando desde afue-ra nuestras reuniones y vidas. Jesús les dijo a sus discípulos:

> Si ustedes me aman, guardarán Mis mandamientos. Entonces Yo rogaré al Padre, y Él les dará otro Consola-dor para que esté con ustedes para siempre; *es decir*, el Espíritu de verdad, a quien el mundo no puede recibir, porque ni lo ve ni lo conoce, *pero* ustedes sí lo conocen porque mora con ustedes y estará en ustedes. No los dejaré huérfanos; vendré a ustedes. (Juan 14:15-18)

Jesús fue muy claro cuando dijo que el Padre nos daría «otro» Consolador. ¿Por qué dijo «otro»? Porque Jesús mismo era el Con-solador que estaba con ellos en ese momento, pero no lo sería por mucho más tiempo. Luego les dice: «Pero Yo les digo la verdad: les conviene que Yo me vaya; porque si no me voy, el Consolador no vendrá a ustedes; pero si me voy, se lo enviaré» (Juan 16:7). Se estaba refiriendo al Espíritu Santo y les decía que era mejor que Él se fuera y que el Espíritu Santo viniera. Jesús completaría su obra y derramaría su Espíritu. Ya no existirían las limitaciones físicas, ahora el Espíritu Santo estaría con nosotros y habitaría en nuestro interior a fin de darnos el poder y las fuerzas para perseverar hasta el final. Si somos hijos de Dios, nunca estamos solos, el Espíritu Santo siempre está con nosotros y en nosotros.

El Padre y el Hijo son omnipresentes, es decir, que están en todos lados al mismo tiempo. ¿Por qué, entonces, Jesús les recordó a sus discípulos que se iría? He aquí la respuesta: «Entonces, el Señor Jesús, después de hablar con ellos, fue recibido en el cielo y se sentó a la diestra de Dios» (Marcos 16:19). Podemos ver claramente que Jesús fue llevado al cielo con el Padre. De modo que, aunque el Padre y el Hijo son omnipresentes, sus manifestaciones y sus obras en este momento son efectuadas por el Espíritu Santo, a quien el Padre envió para que esté ahora con nosotros. La obra del Hijo en la tierra tuvo lugar hace dos mil años, luego fue llevado arriba y ahora mismo está intercediendo por nosotros ante el Padre:

> De modo que, aunque el Padre y el Hijo son omnipresentes, sus manifestaciones y sus obras en este momento son efectuadas por el Espíritu Santo, a quien el Padre envió para que esté ahora con nosotros.

¿Quién es el que condena? Cristo Jesús es el que murió, sí, más aún, el que resucitó, el que además está a la diestra de Dios, el que también intercede por nosotros. (Romanos 8:34)

El Espíritu Santo está actuando ahora como el Consolador enviado por Jesucristo y si no aprendemos a oír su voz, discernir sus deseos, conocerlo en la intimidad, entonces podemos perdernos los planes y deseos del Padre:

> Pero cuando Él, el Espíritu de verdad venga, los guiará a toda la verdad, porque no hablará por Su propia cuenta, sino que hablará todo lo que oiga, y les hará saber lo que habrá de venir. Él me glorificará, porque tomará de lo Mío y se *lo* hará saber a ustedes. (Juan 16:13-14)

La palabra *Consolador* que Jesús utiliza para referirse al Espíritu Santo es el término griego *paráklētos*, que significa intercesor, consolador, abogado y ayudador. Es imposible vivir la vida que Cristo nos mandó a vivir sin la ayuda del Espíritu Santo. Esa es la razón por la que Jesús fue tan tajante al ordenarles a sus discípulos que no se movieran de Jerusalén hasta recibir la promesa del Padre: «Y yo enviaré sobre ustedes lo que mi Padre prometió. Pero ustedes quédense aquí, en la ciudad de Jerusalén, hasta que reciban el poder que viene del cielo» (Lucas 24:49, DHH). Sin el Espíritu Santo, nunca podremos vivir vidas que glorifiquen a Dios. ¿Por qué? Porque glorificar a Dios significa disfrutar de Él. El único que puede ayudarnos a disfrutar de Dios y revelarnos sus profundidades es el Espíritu Santo.

Finalmente, es muy importante que entendamos todo esto y permitamos que el Espíritu Santo nos hable al corazón. Para poder conocer al Espíritu Santo y dejar que glorifique a Dios a través de nuestras vidas, primero debemos entender que Él es una persona y no una fuerza impersonal. No establecemos una amistad con el Espíritu

> Sin el Espíritu Santo, nunca podremos vivir vidas que glorifiquen a Dios.

Santo cuando lo tratamos como un poder, influencia, unción o hasta como una experiencia emocional. Sin embargo, Él es una persona divina que tiene, como tú y yo, emociones, voluntad y personalidad. Él se manifestó de muchas maneras —como una paloma, un viento recio o llamas de fuego—, pero no es ninguna de esas cosas. Pablo nos muestra ese entendimiento personal cuando nos exhorta: «Y no entristezcan al Espíritu Santo de Dios, por el cual fueron sellados para el día de la redención» (Efesios 4:30). Una paloma no puede entristecerse, ni tampoco un viento o un fuego, solamente una persona puede tener la capacidad de mostrar emociones. Entonces, para que vivamos una vida que glorifique a Dios junto con el Espíritu Santo, es clave que primero entendamos quién es y luego tengamos una amistad con Él.

Para finalizar este capítulo, te invito a que hagas conmigo esta oración:

Espíritu Santo, quiero ser tu amigo.
Ayúdame a conocerte y amarte.
Revélame tu persona y lléname de ti.
A partir de hoy quiero vivir el resto de mi vida en ti y ser guiado por ti.
Aconséjame, redargúyeme y transfórmame.
Te entrego mi voluntad, mi corazón y mis deseos.
Espíritu Santo, ayúdame a tratarte como a una persona y recuérdame que siempre estarás conmigo.
Que tu amistad sea la más importante en mi vida y pueda glorificar a Dios en todo lo que haga.
Te amo, Espíritu Santo.
Amén.

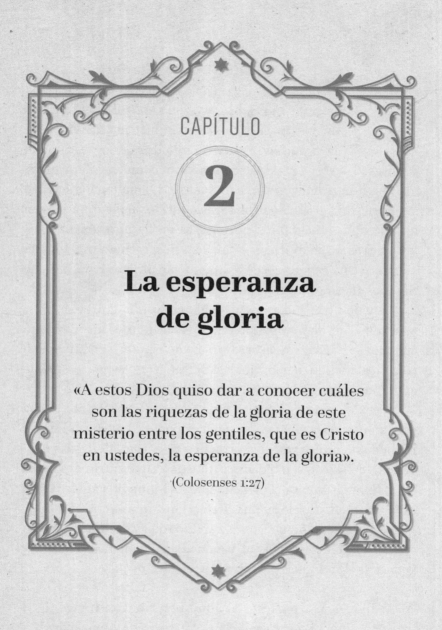

CAPÍTULO

2

La esperanza de gloria

«A estos Dios quiso dar a conocer cuáles son las riquezas de la gloria de este misterio entre los gentiles, que es Cristo en ustedes, la esperanza de la gloria».

(Colosenses 1:27)

TODOS ANHELAMOS UNA ESPERANZA inquebrantable en nuestro corazón. Pero también nos damos cuenta de que vivimos en un mundo caído y corrompido y por eso las cosas no siempre marchan como las planeamos, los resultados no siempre son positivos, los diagnósticos no siempre son agradables, los seres queridos no siempre viven los años que quisiéramos, las noticias no siempre son buenas, las guerras no siempre se evitan y las desgracias simplemente ocurren. Una esperanza difícilmente puede sobrevivir mucho tiempo en este mundo.

La vida no es justa, las circunstancias no te preguntan si estás de acuerdo o no, simplemente suceden. Jesús lo resaltó cuando dijo: «Estas cosas les he hablado para que en Mí tengan paz. En el mundo tienen tribulación; pero confíen, Yo he vencido al mundo». (Juan 16:33)

La existencia de Dios ha sido puesta en duda debido a la persistencia de la maldad, las enfermedades e injusticias en este mundo. Sin embargo, en el principio no fue así. Todas las desgracias, catástrofes, maldades e injusticias que sufrimos hoy no estaban presentes en el principio. En la humanidad existía una esencia, una naturaleza, una perfección y una santidad divina. Esa era la intención de Dios al crearlo todo y fue muy claro en cuanto a quién le estaba entregando la autoridad para dirigir y gobernar al mundo:

Y dijo Dios: «Hagamos al hombre a Nuestra imagen, conforme a Nuestra semejanza; y ejerza dominio sobre los peces del mar, sobre las aves del cielo, sobre los ganados, sobre toda la tierra, y sobre todo reptil que se arrastra sobre la tierra». (Génesis 1:26 énfasis añadido)

Dios nos dio libertad y nos entregó este planeta para cuidarlo, no para corromperlo. Le dimos lugar a todo tipo de males cuando le abrimos la puerta al pecado. Permitimos que el enemigo siembre maldad en nuestros corazones y cosechamos el pecado en nuestras vidas. Allí perdimos de vista la genuina y verdadera esperanza de gloria porque el pecado hizo que seamos destituidos de la gloria de Dios: «Todos pecaron, y están destituidos de la gloria de Dios» (Romanos 3:23, RVR60). ¿Por qué no podemos participar de la gloria de Dios? La respuesta la encontramos en la sentencia dada por Dios contra el hombre, la mujer y la serpiente luego de la caída.

Entonces el SEÑOR Dios dijo: «Ahora el hombre ha venido a ser como uno de Nosotros, conociendo ellos el bien y el mal. Cuidado ahora, no vaya a extender su mano y tome también del árbol de la vida, y coma y viva para siempre».

Y el SEÑOR Dios lo echó del huerto del Edén, para que labrara la tierra de la cual fue tomado. Expulsó, pues, al hombre; y al oriente del huerto del Edén puso querubines, y una espada encendida que giraba en todas direcciones para guardar el camino del árbol de la vida. (Génesis 3:22-24)

Se dice que Adán y Eva fueron expulsados del Edén por pecar y comer del fruto prohibido. Es obvio que el pecado abrió la puerta a la maldad, la enfermedad, el sufrimiento y todos los males. Pero la razón por la que Dios los expulsó del Edén fue para que no tomaran también del árbol de la vida y vivieran para siempre. Si lo hacían, entonces el hombre viviría para siempre, pero condenado y viviendo eternamente con el pecado. Esto causaría que nunca más pudiera estar en la presencia de Dios, contemplar su gloria y vivir con esperanza de gloria.

Dios los expulsó del Edén porque en su corazón amoroso ya estaba en marcha un plan de redención para llevarlos de nuevo al Edén a través de la sangre de Cristo que los haría libres del pecado y la condenación. Por esa razón, cada vez que buscamos una fuente de esperanza fuera de Cristo se nos hace imposible encontrarla, porque es como buscar la presencia y la gloria de Dios fuera del Edén.

> Por esa razón, cada vez que buscamos una fuente de esperanza fuera de Cristo se nos hace imposible encontrarla, porque es como buscar la presencia y la gloria de Dios fuera del Edén.

Ahora podemos entender por qué los seres humanos buscamos desesperadamente una esperanza por la cual vivir. En lo profundo de nuestro ser reconocemos que hemos sido destituidos de la gloria de Dios. Por mucho que la creación gima anhelando la manifestación de Dios, nuestras mentes y nuestra naturaleza pecaminosa no saben que fuimos creados para la gloria de Dios, por eso buscamos todo tipo de esperanzas vacías y huecas. No solo nuestra mente no lo sabe, sino que tampoco está dispuesta a sujetarse a Dios. Por eso, sin darnos cuenta, buscamos y abrazamos todo tipo de esperanzas baratas y dañinas con tal de que nos proporcionen por lo menos una pizca de esperanza y algún tipo de satisfacción. Podemos poner nuestra esperanza en muchas cosas nobles, pero la realidad es que toda aquella que no esté puesta en Jesús es insuficiente. Una familia puede desintegrarse, un sueño puede fracasar, una casa puede destruirse, una carrera puede quedar sin terminar, una meta puede resultar inalcanzable, o nuestra salud puede deteriorarse. Todo, en cualquier momento, puede acabarse.

Pablo dejó registradas varias oraciones por la iglesia. Leemos de su clamor a Dios a favor del cuerpo de Cristo. Hay una que considero muy importante:

> *Mi oración es que* los ojos de su CORAZÓN les sean iluminados, para que sepan cuál es la esperanza de Su llamamiento, cuáles son las riquezas de la gloria de Su herencia en los santos, y cuál es la extraordinaria grandeza de Su poder para con nosotros los que creemos, conforme a la eficacia de la fuerza de Su poder (Efesios 1:18-19, énfasis añadido)

Las intenciones y la dirección del clamor del apóstol Pablo son muy claros. Él pide que los ojos del corazón sean iluminados para que sepan cuál es la esperanza de Cristo. Solo podemos comprender y abrazar la esperanza de Jesús por medio de la revelación del Espíritu Santo. Podemos abrazar y atender cualquier otra esperanza con nuestra mente natural, sin intervención divina, pero para recibir y entender la esperanza de Dios tiene que haber una iluminación en nuestro corazón que solo la puede proporcionar el Espíritu Santo.

En Él también USTEDES, después de escuchar el mensaje de la verdad, el evangelio de su salvación, y habiendo creído, fueron sellados en Él con el Espíritu Santo de la promesa, que nos es dado como garantía de nuestra herencia, con miras a la redención de la posesión *adquirida de Dios*, para alabanza de Su gloria. (Efesios 1:13-14, énfasis añadido)

> Podemos abrazar y atender cualquier otra esperanza con nuestra mente natural, sin intervención divina, pero para recibir y entender la esperanza de Dios tiene que haber una iluminación en nuestro corazón que solo la puede proporcionar el Espíritu Santo.

El Espíritu Santo garantiza nuestra herencia. Cuando compramos algún producto, un electrodoméstico o cualquier cosa de valor, queremos asegurarnos de guardar el recibo que garantice el servicio técnico ante cualquier problema. Llevamos el producto a casa con tranquilidad porque sabemos que tiene garantía. Dios nos ha dejado su Espíritu Santo para que caminemos en paz y seguridad porque sabemos que ante cualquier eventualidad, Él está con nosotros para ayudarnos y mantenernos firmes hasta el fin.

El Espíritu Santo ilumina nuestro entendimiento y nos hace recordatorios permanentes para llenarnos de esperanza por el conocimiento de nuestra herencia eterna en Jesucristo. Busca conocer al Espíritu Santo todos los días y vivirás con una fuente de esperanza inagotable en tu interior.

Y el Dios de la esperanza los llene de todo gozo y paz en el creer, para que abunden en esperanza por el poder del Espíritu Santo. (Romanos 15:13)

Pablo ora que los ojos del corazón, refiriéndose a nuestro espíritu, sean iluminados y nuestro espíritu entienda la grandeza de la esperanza de Cristo. Hay personas que aún no han abrazado la esperanza del llamamiento de Cristo porque todavía no la han entendido con los ojos de su corazón, sino solo con su mente. Pablo oraba de esa manera porque sabía que una vida cambia radicalmente cuando entiende la invitación de Jesús a pasar la eternidad con Él disfrutando de las riquezas de su gloria. Tu percepción de Dios, de ti y de la eternidad cambia completamente cuando entiendes lo que conlleva que Cristo nos haya invitado a pasar la eternidad con Él. Un cristianismo mediocre aquí en la tierra refleja un entendimiento mediocre de nuestra herencia eterna en Cristo Jesús.

¿Cómo cambiaría tu vida si sabes que en treinta días recibirás una herencia de millones de dólares? ¿Vivirías preocupado por cómo pagarás tus cuentas en los próximos días? ¿Estarías ansioso y con miedo con respecto a tu sobrevivencia? ¿O dormirías tranquilo, caminando con seguridad al saber que tus cuentas podrán ser pagadas y tendrás más que suficiente para el resto de tu vida? Así también, cuando entendemos la esperanza de

> Tu percepción de Dios, de ti y de la eternidad cambia completamente cuando entiendes lo que conlleva que Cristo nos haya invitado a pasar la eternidad con Él. Un cristianismo mediocre aquí en la tierra refleja un entendimiento mediocre de nuestra herencia eterna en Cristo Jesús.

gloria que nos aguarda y conocemos que Cristo nos ha hecho coherederos con Él, deberíamos vivir tranquilos, sabiendo que ese día llegará.

Tendemos a olvidarnos o no dimensionamos la esperanza que tenemos porque estamos demasiado enredados en los problemas, dificultades, ansiedades, trabajos y ambiciones de este mundo. No nos damos cuenta de que esta tierra es transitoria, pasará muy rápido y en cualquier momento nos encontraremos con la realidad de la eternidad. Debemos mantener presente que tenemos la esperanza de gloria, es decir, que a través de Jesús podemos tener la seguridad y la confianza de que nos espera una eternidad de continua contemplación y deleite de la gloria hermosa, radiante y satisfactoria de Dios. Como hijos e hijas de Dios no solo esperamos la segunda venida de Jesús, sino que también amamos y añoramos su regreso porque sabemos que ese día podremos ver cara a cara a aquel que nos dio esa esperanza de gloria eterna.

> Como hijos e hijas de Dios no solo esperamos la segunda venida de Jesús, sino que también amamos y añoramos su regreso porque sabemos que ese día podremos ver cara a cara a aquel que nos dio esa esperanza de gloria eterna.

Menos nos enredaremos en esta tierra si vivimos diariamente a través del filtro de nuestra esperanza de gloria eterna. Al mismo tiempo, esta esperanza nos producirá un gozo que nada podrá quitarnos. Pablo exhorta a los cristianos a vivir «gozándose en la esperanza, perseverando en el sufrimiento, dedicados a la oración» (Romanos 12:12). Viviremos una alegría y un gozo inquebrantables cuando decidamos gozarnos en la esperanza de gloria que van más allá de nuestras condiciones actuales.

Jesús fue el primero en modelar esta manera de vivir al poner el gozo de la esperanza como el motor de su perseverancia. Las Escrituras dicen:

> Corramos con paciencia la carrera que tenemos por delante, puestos los ojos en Jesús, el autor y consumador de la fe, quien por el gozo puesto delante de Él soportó la cruz, despreciando la vergüenza, y se ha sentado a la diestra del trono de Dios. (Hebreos 12:1-2)

Nota que Jesús soportó la cruz por el gozo que le esperaba. Nosotros también soportaremos todo tipo de tribulación, miedos, enfermedades, problemas e incertidumbres en esta tierra cuando tengamos un correcto entendimiento de la gloria de Dios y la esperanza puesta delante de nosotros. Algunos se equivocan al afirmar que los que viven esperando y mirando hacia la venida de Jesús se desconectan de su realidad presente y no viven la vida real. Pero es todo lo contrario. Mientras más esperemos, amemos y meditemos en la venida de Jesús, viviremos diariamente estando más enfocados, apasionados e intencionales.

> Mientras más esperemos, amemos y meditemos en la venida de Jesús, viviremos diariamente estando más enfocados, apasionados e intencionales.

Al vivir cada día bajo el filtro de la esperanza de gloria y de la venida de Jesús, pensaremos bien antes de hacer las cosas porque sabemos que les espera una corona de justicia a los que aman su venida. Pablo le recuerda a su discípulo Timoteo:

> He peleado la buena batalla, he terminado la carrera, he guardado la fe. En el futuro me está reservada la corona de justicia que el Señor, el Juez justo, me entregará en aquel día; y no solo a mí, sino también a todos los que aman Su venida. (2 Timoteo 4:7-9)

Esa corona de justica no le será dada por pelear la batalla, terminar la carrera o guardar la fe, sino por amar su venida. ¿Por qué? Porque peleamos la buena batalla con todas nuestras fuerzas, nos enfocamos en terminar la carrera, y guardamos nuestra fe en el poder del Espíritu Santo cuando amamos la venida de Jesús. Pidámosle al Espíritu Santo que podamos vivir cada día viendo lo que Él ve, mirando toda nuestra vida a través de la esperanza de gloria.

Una de las historias más hermosas del Antiguo Testamento es cuando Israel estaba en guerra contra el rey de Aram. Ese rey se enfureció porque los israelitas parecían conocer todos sus movimientos, tanto así que llamó a sus siervos para descubrir al espía que informaba a Israel. Sin embargo, los siervos dijeron que no eran ellos, sino el profeta Eliseo, que le advertía al rey de Israel por revelación de Dios de todos los movimientos de los arameos. El rey de Aram envió furioso un ejército para prenderlo.

> Entonces envió allá caballos, carros y un gran ejército; y llegaron de noche y cercaron la ciudad. Y cuando el que servía al hombre de Dios se levantó temprano y salió, vio que un ejército con caballos y carros rodeaba la ciudad.

Y su criado le dijo: «¡Ah, señor mío! ¿Qué haremos?».
Y él respondió: «No temas, porque los que están con
nosotros son más que los que están con ellos». Eliseo
entonces oró, y dijo: «Oh SEÑOR, te ruego que abras sus
ojos para que vea». Y el SEÑOR abrió los ojos del criado,
y miró que el monte estaba lleno de caballos y carros de
fuego alrededor de Eliseo. (2 Reyes 6:14-17)

Me imagino la cara de desesperación del siervo de Eliseo
mientras viene corriendo para informarle lo del ejército enemigo, preguntándole qué harían ellos dos solos contra ese gran
ejército. Pero imaginen también la confusión del siervo cuando
Eliseo le responde: «No temas, porque los que están con nosotros son más que los que están con ellos». Lo debe haber mirado
fijamente, preguntándose: «¿Será que está bien mi señor? ¿De
qué caballos me está hablando?». El profeta Eliseo ora pidiéndole
a Dios que abra los ojos de su siervo para que vea lo que él veía
y, de un momento a otro, el siervo empieza a ver los caballos y
los carros de fuego alrededor de ellos.

Me pregunto cuántas veces me debe haber sucedido eso mismo a mí. Corro hacia Dios en desesperación y temor, haciéndo-
le miles de preguntas porque no sé qué va a suceder, y me
imagino a Dios diciendo: «Hijo mío, si tan solo pudieras ver lo
que yo estoy viendo». Creo que
nuestras vidas serían profundamente cambiadas si comenzára-
mos a ver lo que Dios ve. Muchas
veces le abrimos la puerta al
miedo y la ansiedad porque
dejamos de ver lo que Dios ve.
Dejamos de ver la esperanza de
gloria que tenemos en Cristo, la

> Muchas veces le abrimos la puerta al miedo y la ansiedad porque dejamos de ver lo que Dios ve.

victoria que Jesús ha conquistado a nuestro favor sobre aquella cruz. Dejamos de contemplar la gloria de Dios y ver la promesa de pasar la eternidad con Él y la herencia que nos espera como hijos e hijas de Dios.

Oremos a Dios en este momento para que abra nuestros ojos y veamos lo que Él ve. La mayor esperanza en esta tierra es ver la gloria de Dios. Toda la Biblia nos comprueba que la gloria de Dios tiene el lugar más importante, sagrado y valioso. El cielo no es especial por sus calles de oro, el mar de cristal o la ausencia de enfermedades, sino por la gloria de Dios. Si por un segundo pudiéramos ver la hermosura y la grandeza de la gloria de Dios, sería suficiente para mantenernos motivados a permanecer firmes y contemplándola cara a cara durante el resto de nuestras vidas.

La gloria de Dios no se puede describir con palabras humanas. No se contempla con nuestros ojos físicos porque es lo más hermoso y divino que existe. El conocimiento de la gloria de Dios no es simplemente una experiencia emocional o solo una experiencia que vivimos en la tierra. Es mucho más que una experiencia. La gloria de Dios nos da un propósito y una razón de existir porque aquel que la prueba y la conoce no vivirá para nada más que no sea la gloria de Dios. Amar, cuidar, temer y honrar la gloria de Dios en mi vida me lleva a glorificarlo en todo lo que hago y con todo lo que soy. Jesús lo ejemplifica a través de la oración que hizo a Dios:

> Yo te glorifiqué en la tierra, habiendo terminado la obra que me diste que hiciera. Y ahora, glorifícame Tú, Padre, junto a Ti, con la gloria que tenía contigo antes que el mundo existiera. (Juan 17:4-5)

Jesús vivió glorificando a Dios todos los días porque era su razón de vivir. Su oración también nos permite conocer la motivación de su corazón para glorificar a Dios en todo: la propia gloria de Dios. La gloria de Dios era la motivación diaria que encendía el corazón de Jesús por seguir adelante.

Creo que la razón por la cual muchas veces perdemos la esperanza y el propósito en la vida, o incluso nos enfriamos en nuestro amor a Dios, es porque tenemos la motivación equivocada en nuestro corazón. Jesús pudo hacer que la gloria de Dios fuera su motivación vital porque ya la había probado, saboreado y conocido. Si queremos que la gloria de Dios sea nuestra motivación para que nuestras vidas lo glorifiquen, debemos conocer, probar y experimentar la gloria de Dios primero. Este tema lo estaremos desarrollando en los próximos capítulos.

Quisiera reiterar que la gloria de Dios es una esperanza que da propósito. Cuando conocemos la esperanza que Cristo da, esta se vuelve en una fuente de combustible inagotable para nuestras almas que nos lleva a vivir con propósito, nos ofrece una razón de vivir que glorifica a Dios en todo lo que hacemos. La esperanza de gloria es Cristo en nosotros, nos da seguridad y fortaleza porque el Señor empezó la buena obra en nosotros y la perfeccionará hasta el día de Cristo Jesús (Filipenses 1:6).

La palabra *esperanza* se define como esperar con anhelo, placer, expectación y confianza. Es básicamente esperar, pero no una espera como aguardar por una entrega, sino con un gozo y anhelo expectante. Nuestra

> Creo que la razón por la cual muchas veces perdemos la esperanza y el propósito en la vida, o incluso nos enfriamos en nuestro amor a Dios, es porque tenemos la motivación equivocada en nuestro corazón.

esperanza está en Cristo porque solo Él es el único que permanece inconmovible por los siglos de los siglos y permanece fiel por generaciones. Las Escrituras dicen:

> Bendito sea el Dios y Padre de nuestro Señor Jesucristo, quien según Su gran misericordia, nos ha hecho nacer de nuevo a una esperanza viva, mediante la resurrección de Jesucristo de entre los muertos, para *obtener* una herencia incorruptible, inmaculada, y que no se marchitará, reservada en los cielos para ustedes. (1 Pedro 1:3-4)

No debes perder de vista que Jesús nos puede dar una esperanza viva porque Él está vivo y es eterno.

He tenido el privilegio de escuchar y conocer a Charles Duke, uno de los doce hombres que han caminado sobre la luna. Él contó que soñó ser astronauta e ir a la luna desde niño, hasta que llegó el día en que su sueño se hizo realidad. Se cumplió su esperanza albergada desde niño cuando llegó a la luna y caminó sobre ella. Sin embargo, unos meses después de haber logrado el sueño más grande de su vida, se preguntó: «¿Y ahora qué?». Esta pregunta lo llevó a un período de tristeza y búsqueda de respuesta. En medio de esa búsqueda tuvo un encuentro personal con Dios, recibió al Señor Jesús y su vida cambió por completo. Charles afirmó que nunca había sentido una esperanza y un propósito más altos y sublimes que los que experimentó al tener una relación con Jesús. La Biblia afirma:

> Él ha hecho todo apropiado a su tiempo. También ha puesto la eternidad en sus corazones, sin embargo el hombre no descubre la obra que Dios ha hecho desde el principio hasta el fin. (Eclesiastés 3:11)

Ninguna esperanza terrenal sacia porque Dios ha puesto eternidad en nosotros. Nuestras almas saben que no fueron creadas para una esperanza que dure unos pocos años. Jonathan Edwards, posiblemente el más grande predicador y teólogo de la historia, recordaba esta verdad cuando oró: «Dios, sella la eternidad en mis ojos».[1] Cuando meditamos en la eternidad y su significado, aunque nuestra mente no pueda entenderla por completo, nos damos cuenta de la levedad y pequeñez de nuestras vidas. Por eso le pedimos a Dios todos los días que nos recuerde y estampe en nuestros corazones esa eternidad, la esperanza de gloria.

Hoy podemos volver a tener acceso a la hermosa y majestuosa gloria de Dios, ese lugar del que fuimos destituidos por nuestro pecado. Dios no acabó con nosotros cuando nos expulsó del huerto del Edén, sino que todo empezó en ese momento. Fue por amor que Él no nos destruyó, sino que nos destituyó, para luego por amor abrirnos de par en par las puertas del cielo y que por medio de la grandeza de la obra de Cristo tengamos acceso a su gloria. La Biblia dice:

> Cuando Dios hizo la promesa a Abraham, juró por sí mismo, porque no había otro superior a él por quien jurar; y dijo: «Sí, yo te bendeciré mucho y haré que tu descendencia sea numerosa». Abraham esperó con paciencia, y recibió lo que Dios le había prometido. (Hebreos 6:13-15, DHH)

Qué poderoso resulta saber que Dios juró por Él mismo porque nos demuestra el compromiso de Dios y el amor que siente por sus hijos, así como su determinación de pasar con nosotros la eternidad. Ten en cuenta que Abraham esperó con paciencia, es decir, tuvo esperanza, esperó con placer porque sabía quién había hecho la promesa, conocía al que le había dado su palabra. Nos cuesta esperar por alguna promesa o palabra de Dios porque usualmente no conocemos del todo a aquel que hizo la promesa.

Dios no solamente nos invita a poner nuestra esperanza en Él, sino que desea mostrarnos plenamente a sus herederos que está dispuesto a cumplir su promesa por completo.

> Dios, deseando mostrar más plenamente a los herederos de la promesa la inmutabilidad de Su propósito, interpuso un juramento, a fin de que por dos cosas inmutables, en las cuales es imposible que Dios mienta, los que hemos buscado refugio seamos grandemente animados para asirnos de la esperanza puesta delante de nosotros. (Hebreos 6:17-18)

El propósito de Dios para redimir a la raza humana siempre ha sido inmutable, constante, invariable, inalterable e inconmovible. En Cristo tenemos una esperanza inmutable. Dios desea que conozcas plenamente la inmutabilidad de su promesa, porque no habrá nada ni nadie en esta tierra que pueda robarte el gozo que ha sido puesto dentro de ti cuando conoces y vives en la voluntad de Dios. El pasaje también menciona que los que hemos buscado refugio seremos grandemente animados para asirnos de esa esperanza. Ser grandemente animados significa que recibiremos un fortísimo

> Nos cuesta esperar por alguna promesa o palabra de Dios porque usualmente no conocemos del todo a aquel que hizo la promesa.

consuelo. Este consuelo es el que abraza a nuestras almas en medio de nuestras dificultades, recordándonos quién fue el que hizo la promesa y cuál es la esperanza de gloria prometida por Dios.

Debemos asirnos y aferrarnos con todas nuestras fuerzas a esta esperanza y no soltarla mientras confesamos con todo nuestro corazón:

> Tenemos como ancla del alma, una *esperanza* segura y firme, y que penetra hasta detrás del velo, adonde Jesús entró por nosotros como precursor, hecho, según el orden de Melquisedec, Sumo Sacerdote para siempre. (Hebreos 6:19-20)

El ancla siempre se ha usado para mantenerse firmes en un mismo lugar a pesar de las corrientes, los vientos y las tormentas y para evitar un naufragio. De la misma manera, la esperanza de gloria en Cristo Jesús es nuestra ancla del alma que nos mantiene firmemente unidos a Él a pesar de la corriente de este mundo. La esperanza en Jesús nos mantiene a flote y firme en medio de las tormentas. No se trata de cuántas tormentas vengan a tu vida, sino de quién está en la barca contigo. Si es Cristo, entonces puedes estar tranquilo y seguro con Él. Si no llega a pasar de la manera que esperábamos y termina con nuestras vidas, la esperanza sigue intacta porque nos espera una eternidad prometida con Él.

Recordemos que el ancla cumple su propósito sin ser visible, estando en lo más profundo de las oscuras aguas del océano. Pero desde allí mantiene a un barco en posición. Es increíble pensar que un ancla pequeña puede mantener firme a un barco miles de veces más grande y pesado. De la misma manera, podría parecer muy poco asirnos a la esperanza que Cristo ofrece, pero si nos anclamos a ella descubriremos que tiene el poder para mantenernos firmes por toda la eternidad.

Ancla hoy tu alma a Jesús.

Jesús no cumplió y terminó su propósito cuando vino a la tierra, murió por nuestros pecados y ascendió a los cielos para estar con el Padre y esperar su retorno. Esto es solo una parte de la verdad porque la muerte, resurrección y ascenso de Jesús a los cielos fue el principio de su propósito y obra. La Biblia nos dice lo que Jesús hace en este mismo instante.

¿Quién es el que condena? Cristo Jesús es el que murió, sí, más aún, el que resucitó, el que además está a la diestra de Dios, el que también intercede por nosotros. (Romanos 8:34)

Jesús está ahora mismo intercediendo ante el Padre por ti y por mí. Un intercesor es alguien que media entre dos individuos y aboga por uno de ellos, buscando reconciliar y unir. Jesús está intercediendo para que nunca perdamos la esperanza de nuestras almas. El apóstol Juan dice:

Hijitos míos, les escribo estas cosas para que no pequen. Y si alguien peca, tenemos Abogado para con el Padre, a Jesucristo el Justo. (1 Juan 2:1)

Jesús es nuestro abogado, se puso en nuestros zapatos, murió en nuestro lugar y hoy intercede por nosotros para que alcancemos aquella esperanza de gloria, el ancla firme de nuestras almas.

Cristo está ahora a la diestra del trono de Dios intercediendo por nosotros y llegará un día en el que veremos a Jesús cara a cara, contemplaremos su gloria y seremos transformados a su imagen. Contemplaremos su belleza y majestad, por lo que ya no habrá más necesidad de esperanza porque estaremos para siempre en su presencia. La esperanza es para esta tierra, no para el cielo; para sostenernos hasta que veamos al autor y consumador de nuestra fe.

> Porque en esperanza hemos sido salvados, pero la esperanza que se ve no es esperanza, pues, ¿por qué esperar lo que uno ve? Pero si esperamos lo que no vemos, con paciencia lo aguardamos. (Romanos 8:24-25)

Algún día lo veremos cara a cara, mientras tanto la esperanza de verlo ese día nos sostiene y nos da fuerzas para seguir creyendo. Nuestro deber es amarlo, conocerlo y servirle mientras aguardamos la promesa. Para lograrlo debemos conocer a plenitud la esperanza que tenemos. Podremos saber que Cristo regresará por su iglesia y pasaremos la eternidad con Él, pero eso no es lo mismo que conocer, abrazar y meditar en esta verdad diariamente. Cuando compramos algo valioso por Internet lo esperamos con ansias (con esperanza), porque conocemos bien lo que hemos encargado y cómo nos servirá. Por lo tanto, todos los días recordamos que en cualquier momento arribará ese paquete. Pero si no conocemos bien o nos interesa mucho lo que hemos comprado, ni siquiera estaremos expectantes de su llegada. Mientras más conocemos y meditamos en la esperanza de gloria, más nos enamoraremos de ella y más gozosos y alegres viviremos porque sabemos que, en cualquier momento, se cumplirá esa promesa.

Es importante aclarar que Jesús no quiere que nos quedemos mirando al cielo, dejemos de trabajar, predicar y que nos despreocupemos por el avance de su reino con la excusa de que Jesús vuelve en cualquier momento. Esa actitud sería una mala interpretación y una respuesta inadecuada a la esperanza de gloria. Un verdadero entendimiento te llena de gozo y valentía para vivir bien tu vida y predicar a todos de esta misma esperanza. Seamos muy cuidadosos a la hora de animarnos a aguardar la venida de Cristo, pero sin permitir que sea una excusa para tirar la toalla y solo esperar sin hacer nada. Debemos buscar que nuestro clamor sea decir con gozo: «¡Maranata! ¡Jesús viene pronto!», en lugar de ser más una queja que parece decir: «¡Ya que todo esto se termine, por favor, y venga Cristo!».

La esperanza de gloria siempre traerá gozo y paz a nuestras almas, pero también nos motivará a amar y servir a nuestro prójimo. La vida en esta tierra es demasiado corta como para poner toda nuestra energía y mirada en ella, pero no por eso la pasamos simplemente por alto. La comprensión de la brevedad de esta vida es el primer paso para redireccionar nuestra esperanza hacia Cristo Jesús y ordenar nuestras prioridades. La Biblia nos enseña:

> La comprensión de la brevedad de esta vida es el primer paso para redireccionar nuestra esperanza hacia Cristo Jesús y ordenar nuestras prioridades.

Oigan ahora, ustedes que dicen: «Hoy o mañana iremos a tal o cual ciudad y pasaremos allá un año, haremos negocio y tendremos ganancia». Sin embargo, ustedes no saben cómo será su vida mañana. *Solo* son un vapor que aparece por un poco de tiempo y luego se desvanece. (Santiago 4:13-14)

Debemos despertarnos diariamente con el filtro de la eternidad en nuestros ojos para poder discernir entre lo que es temporal y ordinario de lo que es importante y eterno a la hora de tomar nuestras decisiones.

El deseo de Dios siempre ha sido darnos a conocer su gloria y nuestra herencia. Esto me hace recordar el momento en que Moisés le pide a Dios que le mostrara su gloria. Dios elaboró todo un plan solo para cumplirle el anhelo a Moisés:

> Entonces el Señor dijo: «Hay un lugar junto a Mí, y tú estarás sobre la peña; y sucederá que, al pasar Mi gloria, te pondré en una hendidura de la peña y te cubriré con Mi mano hasta que Yo haya pasado. Después apartaré Mi mano y verás Mis espaldas; pero Mi rostro no se verá». (Éxodo 33:21-23)

Este pasaje es uno de los más ilustrativos y hermosos debido a que revela el corazón de Dios hacia nosotros los humanos. Él desea que conozcamos su gloria porque realmente no hay nada mejor que podamos contemplar.

Dios nos creó para su gloria porque es como el oxígeno para nuestro espíritu. Pablo lo explica de esta manera: «A estos Dios quiso dar a conocer cuáles son las riquezas de la gloria de este misterio entre los gentiles, que es Cristo en ustedes, la esperanza de la gloria» (Colosenses 1:27). La palabra «estos» se refiere a nosotros, sus hijos e hijas. Dios desea darnos a conocer las

> Dios siempre piensa en plural, cuando Dios llena a alguien, siempre está pensando en las personas alrededor para que también sean alcanzadas.

riquezas, la grandeza, la belleza y la magnitud de su gloria. Los gentiles son toda la humanidad que no es judía, por lo que el propósito es que toda la humanidad pueda ver el reflejo de la gloria de Dios, es decir, Cristo en nosotros. Él es la gloria de Dios. Jesús es la esperanza de gloria. Cristo en nosotros es la esperanza de gloria para la humanidad. Dios siempre piensa en plural, cuando Dios llena a alguien, siempre está pensando en las personas alrededor para que también sean alcanzadas.

Siempre glorificaremos a Dios cuando nuestra esperanza de gloria está en Cristo. Glorificamos lo que valoramos y aquello en lo que ponemos nuestra esperanza. Nos glorificaremos a nosotros mismos si nuestra esperanza está en nosotros. Glorificaremos al dinero si nuestra esperanza está puesta en el dinero. Pero si nuestra esperanza está en Cristo y solamente en Él, será a Cristo a quien glorificaremos y le dedicaremos nuestras vidas.

> **Glorificamos lo que valoramos y aquello en lo que ponemos nuestra esperanza.**

El fin que el Padre, el Hijo y el Espíritu Santo tienen en mente es este: «Y EN SU NOMBRE LAS NACIONES PONDRÁN SU ESPERANZA» (Mateo 12:21). Podremos ser empresarios, abogados, doctores, ingenieros, deportistas, cantantes, actores o pastores, pero todos somos llamados a prepararle un camino a Jesús, reflejando su gloria a las naciones para que todo aquel que crea sea salvo y ponga su esperanza en Él.

Juan el Bautista preparó el camino para la primera venida de Cristo y hoy nosotros somos llamados, como iglesia, a preparar el camino para su retorno. Lo haremos conociendo y dando a conocer las riquezas de la gloria de Jesús y reflejando a Cristo en nuestras vidas, la esperanza de gloria.

Una voz clama:
«Preparen en el desierto
  camino al SEÑOR;
Allanen en la soledad calzada
  para nuestro Dios.
Todo valle sea elevado,
Y bajado todo monte y collado;
Vuélvase llano el terreno
  escabroso,
Y lo abrupto, ancho valle.
Entonces será revelada
  la gloria del SEÑOR,
y toda carne a una *la* verá,
Pues la boca del SEÑOR ha hablado».
  (Isaías 40:3-5)

Dios desea que su gloria sea revelada a la humanidad y que todos aquellos que la vean pongan su esperanza en Él. La única manera de que alguien ponga por completo su esperanza en Dios es teniendo un encuentro con Cristo, la esperanza de gloria. Toda persona que ha recibido la revelación de la gloria de Dios nunca más vuelve a ser la misma, nunca más vuelve a poner su esperanza en otra cosa o persona que no sea en Jesús.

Porque nuestra esperanza tiene nombre,
y es Jesús.

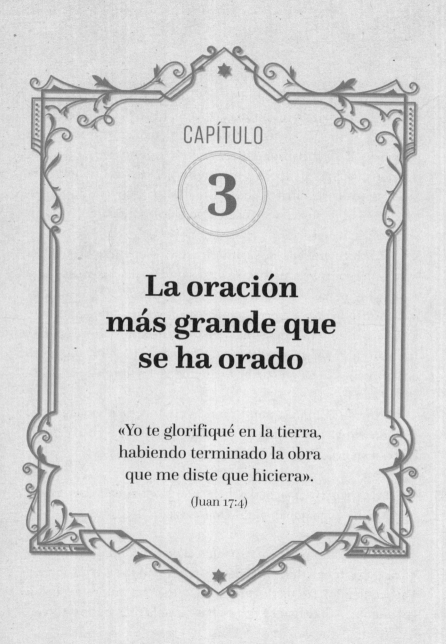

CAPÍTULO

3

La oración más grande que se ha orado

«Yo te glorifiqué en la tierra, habiendo terminado la obra que me diste que hiciera».

(Juan 17:4)

HUBIERA QUERIDO QUE LA Biblia tuviera más oraciones de Jesús al Padre para poder saber qué llevaba delante del Padre. Pero solo tenemos un par de oraciones suyas. El apóstol Juan nos presenta la oración más larga de Jesús registrada en las Escrituras. Fue meditando en esta oración de Jesús que Dios habló claramente a mi corazón con respecto a escribir este libro.

Jesús hizo muchas cosas durante su vida en la tierra, enseñó, hizo milagros, dio señales y realizó sanidades. Curó desde una simple fiebre hasta realizar el prodigio de resucitar a los muertos, multiplicó unos pocos panes y peces y con ellos alimentó a más de cinco mil personas y hasta calmó una tempestad. Incluso Juan señala que si se tuvieran que escribir todas las cosas que Jesús hizo no cabrían en todos los libros de la tierra (Juan 21:25)

Trata de imaginar por un momento todo lo que Jesús hizo cuando estuvo acá en la tierra y luego considera cómo resumió todo en su oración con una simple pero poderosa frase:

«Yo te glorifiqué en la tierra, habiendo terminado la obra que me diste que hiciera» (Juan 17:4).

Fue exactamente este versículo el que encendió mi corazón para escribir este libro. Si Jesús resumió todo su trabajo para Dios diciendo: «Yo te glorifiqué en la tierra», quiere decir que realmente no hay nada y nunca habrá nada más importante en este mundo que glorificar a Dios.

Jesús tenía en claro una cosa durante su vida terrenal: glorificar a Dios. La palabra original que Jesús usó en esta oración significa alabar, dar gloria, dar esplendor, exaltar o magnificar. Juan nos permite ver a Jesús hablando claramente sobre cómo glorificaría a Dios unos capítulos antes.

«Ahora Mi alma se ha angustiado; y ¿qué diré: "Padre, sálvame de esta hora"? Pero para esto he llegado a esta hora. Padre, glorifica Tu nombre». Entonces vino una voz del cielo: «Y lo he glorificado, y de nuevo lo glorificaré». (Juan 12:27-28).

Es imposible que vivamos una vida que glorifique a Dios sin antes saber cuál es la razón por la que Dios nos creó y nos trajo al mundo. Jesús dijo: «Pero para esto he llegado a esta hora». Él sabía cuál era su misión y propósito. No saber cuál es la razón por la que Dios nos creó nos desviará de una vida que glorifique al Señor. Sin embargo, no se trata de que salgamos

> Si Jesús resumió todo su trabajo para Dios diciendo: «Yo te glorifiqué en la tierra», quiere decir que realmente no hay nada y nunca habrá nada más importante en este mundo que glorificar a Dios.

> Es imposible que vivamos una vida que glorifique a Dios sin antes saber cuál es la razón por la que Dios nos creó y nos trajo al mundo.

desesperados a descubrir cuál es nuestro propósito para poder glorificar a Dios. Veamos esto paso a paso.

Es posible que no sepas dónde está la tierra prometida a la que Dios te quiere llevar, pero sí sabes que hay una tierra prometida y que debes creerle a Dios y confiar en Él. Ya con ese conocimiento puedes empezar a glorificar a Dios. No tienes que estar viviendo por completo tu propósito para darle gloria, ya puedes hacerlo desde el lugar donde te encuentras ahora mismo si solo crees y entiendes que tienes una misión encomendada por Dios que debes cumplir. En el proceso de vivir para glorificar a Dios, Dios mismo te irá mostrando cuál es tu misión y propósito de vida específico.

> En el proceso de vivir para glorificar a Dios, Dios mismo te irá mostrando cuál es tu misión y propósito de vida específico.

Es notable el énfasis que Jesús hace: «Y lo he glorificado, y de nuevo lo glorificaré». La razón por la que debemos vivir para la gloria de Dios es que Dios vive para su gloria. La razón por la que debemos estar apasionados por la gloria de Dios es que Dios está apasionado por su gloria. Resulta muy importante el hecho de que después de que Jesús le dijera al Padre: «Yo te glorifiqué en la tierra», haya añadido: «habiendo terminado la obra que me diste que hiciera». Jesús pudo resumir que vivió para glorificar a Dios porque terminó la obra y cumplió el propósito que Dios le había asignado.

Nada glorifica más a Dios que cumplir con el propósito para el cual Él nos diseñó, de la misma manera que nada glorifica más a un inventor que el hecho de que su invento funcione y cumpla el propósito para el cual fue creado. Cuando hacemos algo con nuestras manos, ya sea una silla, una mesa o algún artefacto, lo que más queremos es que cumpla su propósito y sea útil. De la misma manera, Dios anhela verte cumplir el propósito para el que te creó.

Jesús nos enseña en su oración que glorificar a Dios es vivir para cumplir el llamado que Él nos hizo. Para poder descubrir nuestro llamado debemos exponernos a su gloria, es decir, pasar tiempo con Él. No estoy hablando de ir a la iglesia, leer un libro cristiano o tener un pequeño devocional cada mañana, sino de exponernos a la gloria de Dios y a la profundidad de su corazón, en intimidad y con devoción. El Padre prometió mostrarnos su gloria en ese lugar de intimidad.

> Pero tú, cuando ores, entra en tu aposento, y cuando hayas cerrado la puerta, ora a tu Padre que está en secreto, y tu Padre, que ve en lo secreto, te recompensará. (Mateo 6:6)

Esta promesa es una de las más poderosas de la Biblia porque Dios promete que cuando nos disponemos a orar a puerta cerrada ¡Él estará ahí! Su gloria se encontrará presente en ese lugar porque su gloria está donde Él está presente. Si no nos exponemos en intimidad a su gloria, entonces eso impide vivir una vida que glorifique a Dios.

Dios le dio los Diez Mandamientos a Moisés en el monte Sinaí mientras estaba rodeado de su gloria. A nosotros también nos toca subir al monte, es decir, apartarnos, dedicar tiempo para buscar a Dios y su gloria. La Biblia promete: «Clama a Mí, y Yo te responderé y te revelaré cosas grandes e inaccesibles, que tú no conoces» (Jeremías 33:3). Podría decir que una de estas cosas inaccesibles es la gloria de Dios, porque para el ser humano es imposible experimentar la gloria de Dios sin Cristo. Jesús es la puerta y la entrada a la gloria divina. Todos los que han entregado su vida a Cristo tienen acceso a la gloria de Dios, pero no todos la experimentan. La muerte de Jesús en la cruz no fue simplemente para salvarnos y que después sobreviviéramos en este mundo. Su salvación nos abrió la puerta para que experimentemos la gloria de Dios aquí en la tierra.

> ¿Cómo llevaremos entonces el reino de Dios si no estamos en él?

Para que nuestras vidas glorifiquen a Dios debemos vivir en la gloria de Dios. ¿Cómo llevaremos entonces el reino de Dios si no estamos en él?

Haz de la oración la mayor prioridad en tu vida y verás la mayor manifestación de la gloria de Dios. ¿Qué tiene la mayor prioridad en tu vida? La vida está constituida por una lista de prioridades, y somos moldeados por aquello que priorizamos. Jesús pudo decir que había glorificado a su Padre en la tierra al haber terminado su obra porque su única prioridad era terminar la tarea y la misión que Dios le encomendó. Poner primero a Dios y su reino no es un acto único, como si nos pusiéramos una vacuna, sino una decisión diaria y continua, como tomar el agua que necesitamos para vivir y mantenernos saludables.

Estamos viviendo tiempos sumamente distractivos, cada vez tenemos más opciones de entretenimiento e información en la palma de nuestras manos. El problema radica en que esas distracciones pueden tener prioridad en nuestros corazones. Tener prioridades equivocadas trae frutos equivocados y puede hacer que ocupemos nuestros esfuerzos en hacer algo que Dios nunca nos llamó

> Somos moldeados por aquello que priorizamos.

a hacer. Es terrible ser exitoso en una tarea que Dios no nos ha llamado a hacer.

¿Qué pasaría si Jesús hubiera cambiado su prioridad de ir a la cruz por la fama y el reconocimiento que podría haber recibido como rabino? Hoy no disfrutaríamos de la salvación que ganó para nosotros. Él lo sabía, luchaba y trabajaba para no remplazar su mayor prioridad de entregarse por nuestros pecados. Hubo varias ocasiones en las que sanaba a una persona y luego le decía que no le contara a nadie. ¿Por qué decía esto? Porque esos milagros hacían crecer su fama y esa popularidad podría propiciar que no permitieran que fuera a la cruz. Del mismo modo, es posible que haya ciertos emprendimientos y proyectos que no glorifiquen a Dios. Por eso es importante pasar tiempo en la gloria de Dios, en su presencia, porque allí recibimos la dirección para ir hacia el lugar al que Él nos llamó. No pospongas más si Dios te está llamando a que lo busques. Si sabes que el Señor te ha estado llamando por mucho tiempo, entonces hoy es el día para que te sometas a la transformación que desea para tu vida.

La procrastinación es la acción o el hábito de aplazar actividades o situaciones que deben atenderse, sustituyéndolas por otras más irrelevantes o agradables. Todos en algún momento enfrentamos este problema. Pueden ser tareas simples como no querer limpiar la casa, sacar la basura, estudiar para el examen o ejercitarse. Pero el asunto es más grave cuando retrasamos la obediencia al llamado de Dios, nuestro amor a la familia o incluso nuestra integridad.

La procrastinación revela algún problema personal, ya que se procura no enfrentar determinada realidad. También hace que las prioridades se trastoquen. Por ejemplo, priorizamos leer un libro, pero aplazamos la lectura por un rato más recorriendo las redes sociales. Así, la entretención vacía se vuelve una prioridad involuntaria. Si te preguntara si Facebook, Instagram,

YouTube o cualquier red social es tu prioridad, de seguro dirás que no, pero ¿por qué ocupa la mayor parte de tu tiempo durante la semana? Esas son prioridades involuntarias. Una persona promedio usa el celular alrededor de cuatro horas diarias, un tercio de las horas que pasamos despiertos al día. Esto se convierte en 28 horas a la semana, 120 horas al mes y 1460 horas al año. Estudios señalan que un individuo promedio pasaría un poco más de 76500 horas en su celular a lo largo de su vida, lo que equivaldría a 8,74 años. ¿Te imaginas pasar tantos años de tu vida solo mirando una pantalla mientras te roba la misión para la cual fuiste diseñado por Dios?

El profeta Hageo advierte que el pueblo de Israel cayó en algo relacionado con la procrastinación y las prioridades equivocadas. El rey de Persia había promulgado un decreto que les permitía a los exiliados de Israel volver a sus países a construir el templo del Señor. Imagínate qué gran noticia para los israelitas. El pueblo de Israel recibió la noticia, pero en vez de ir a reconstruir el templo de Dios que estaba en ruinas, hizo algo muy distinto:

> Y esto es lo que dijo el Señor todopoderoso por medio del profeta: «Esta gente dice que todavía no es tiempo de reconstruir mi templo. ¿Y acaso para ustedes sí es tiempo de vivir en casas lujosas, mientras que mi templo está en ruinas?». (Hageo 1:2-4, DHH)

No priorizaron la reconstrucción del templo de Dios, sino la construcción de sus propias casas y su comodidad. ¿Cuántas veces la comodidad y las prioridades personales nos impiden vivir glorificando a Dios? Dios le dijo al pueblo:

> Yo, el Señor todopoderoso, les digo que piensen bien en su conducta. Ustedes siembran mucho, pero cosechan

poco; comen, pero no se sienten satisfechos; beben, pero se quedan con sed; se abrigan, pero no entran en calor; y el que trabaja a jornal, echa su salario en saco roto. (Hageo 1:5-6, DHH)

La priorización equivocada se evidencia cuando sentimos un vacío interior que no encuentra satisfacción. Buscamos que cosas, personas, eventos, fiestas, trabajos o logros sacien ese vacío interior, pero lo único que lo llenará será la gloria de Dios. Por eso Dios le dijo una vez más al pueblo:

> Yo, el Señor todopoderoso, les digo que piensen bien en su conducta. Vayan a las montañas, traigan madera y construyan de nuevo el templo. Yo estaré allí contento, y mostraré mi gloria. (Hageo 1:7-8, DHH)

Ya no tenemos que construir templos para que Dios habite en ellos porque el templo somos nosotros. Pero sí debemos subir al monte y tener un encuentro con la gloria de Dios, para después bajar a construir nuestras vidas sobre la roca que es Cristo

Puede que tengas una simple vara en tu mano como Moisés o cinco panes y dos peces como los discípulos de Jesús; no importa cuánto tengas, si decides creerle a Dios con ese poco, Él lo usará para glorificarse como nunca lo hubieras imaginado y estarás viviendo en el propósito de Dios para tu vida.

y el Señor sea glorificado. Dios es glorificado cuando pasamos tiempo con Él y llenamos nuestros corazones con la Palabra, la oración y el Espíritu Santo. Te repito, haz de la oración la mayor prioridad en tu vida y que la oración te lleve a la acción.

Puede que no sepas con exactitud cuál es el propósito específico de Dios para tu vida, pero tu propósito primordial y supremo es que glorifiques a Dios en todo lo que hagas. Dios se ocupará de mostrarte el propósito específico para tu vida cuando te ocupes de glorificar a Dios en donde estés y con lo que tengas a mano. Puede que tengas una simple vara en tu mano como Moisés o cinco panes y dos peces como los discípulos de Jesús; no importa cuánto tengas, si decides creerle a Dios con ese poco, Él lo usará para glorificarse como nunca lo hubieras imaginado y estarás viviendo en el propósito de Dios para tu vida.

CAPÍTULO

4

La gloria de Dios

«Los cielos proclaman
la gloria de Dios, y el firmamento
anuncia la obra de Sus manos».

(Salmos 19:1)

USAMOS TANTO LA EXPRESIÓN «la gloria de Dios» que su significado y su valor se han ido diluyendo en nuestras mentes. No podremos vivir una vida cristiana victoriosa si decimos creer en cosas que, en realidad, no entendemos. Podemos ser muy religiosos, pero no hemos experimentado la esencia de la verdad porque no la comprendemos. El Señor nos dice:

Mi pueblo es destruido por falta de conocimiento.
(Oseas 4:6)

Todos dicen estar buscando la verdad, pero la buscan en lugares equivocados o terminan creando la suya propia, una que la pensamos cierta porque nos favorece y nos glorifica a nosotros mismos. Además, estamos viviendo en la era de la *posverdad*. Este término se está usando muchísimo en los últimos años. El diccionario de la Universidad de Cambridge lo define como la aceptación de un argumento basado en emociones y creencias, en lugar de estar basado en los hechos. Las personas priorizan sus emociones y sentimientos por sobre la búsqueda sincera de la verdad. La verdad se ha vuelto obsoleta frente a sus emociones. Sin embargo, al mismo tiempo también reclamamos la verdad objetiva como, por ejemplo, al comprar un auto, una casa o algo valioso; siempre queremos que nos digan toda la verdad sobre ese producto. Dios odia la mentira y el engaño porque es un Dios de verdad. Por el contrario, la mentira y la confusión son la esencia del enemigo.

Ustedes son de *su* padre el diablo y quieren hacer los deseos de su padre. Él fue un asesino desde el principio, y no se ha mantenido en la verdad porque no hay verdad en él. Cuando habla mentira, habla de su propia naturaleza, porque es mentiroso y el padre de la mentira. (Juan 8:44)

Me llama la atención cuando Jesús dice que el diablo «no se ha mantenido en la verdad». Esto lo vemos suceder en las últimas generaciones, de modo que Satanás puede verse reflejado en la forma en que las diferentes generaciones no se mantienen en la verdad. La verdad nos hace libres. A la nueva generación Z, nacidos entre 1997 y 2012, también se le conoce como la generación «verdad» por su hambre y búsqueda de la verdad. Es una generación cada vez más decidida en volver a levantar las verdades que sostuvieron las civilizaciones por tantos años. Por lo tanto, ha llegado el momento de levantar a una generación que vuelva a la veracidad de la Palabra de Dios, una que se mantenga en la verdad, incluso si es contraria a sus deseos y pasiones. Una generación que tiene claro que la falta de verdad provoca una confusión que genera toda clase de males y atrocidades.

Me gusta pensar en la similitud que hay entre Dios y una balanza. La balanza es un instrumento que te dirá con certeza el peso de cierto objeto o incluso de ti mismo. Por más que no creamos en la balanza o tratemos de no mirar por completo el peso marcado, igual siempre mostrará la verdad, aunque sean números que no queríamos conocer. Podemos optar por no enfrentar una realidad que no queremos asumir y nos mantenemos lo más lejos posible de la verdad. Así también nos distanciamos de la verdad en todos los ámbitos de nuestra sociedad porque nos provoca incomodidad y hasta dolor. Pero, al mismo tiempo, aunque al principio resulta difícil enfrentar y abrazar la verdad, al final termina siendo la mejor decisión porque empezamos a entender la realidad de manera correcta.

Hay una verdad que se tiende a negar a toda costa, pero que todas las razas, culturas y etnias de todos los tiempos han afirmado. La humanidad siempre supo que este planeta no es fruto de la casualidad. La increíble ingeniería detrás de nuestro universo, la estructura y biología de una planta, un animal y un ser humano apunta a un Creador sabio. Es un Dios personal e inteligente que siempre buscó tener relación con su creación. Es el Dios de la Biblia. Desde el libro de Génesis hasta Apocalipsis descubrimos que Dios buscaba relacionarse con su creación. Eso hace que el cristianismo sea tan diferente del resto de las religiones. Mientras que las religiones se centran en lo que los seres humanos pueden hacer para llegar a Dios, la Biblia nos explica que todo se trata de lo que Dios hizo por nosotros, siendo el evento culminante el envío de su Hijo Jesús para salvarnos al morir por nuestros pecados.

Todos los seres humanos también tenemos una conciencia que nos reprende cuando pecamos y hacemos mal. Esto es posible porque existe una verdad y no podemos huir de ella, aunque queramos. La verdad es que fuimos creados para tener relación con Dios, es decir, fuimos creados para la gloria de Dios.

Trae a Mis hijos desde lejos y a Mis hijas desde los confines de la tierra, a todo el que es llamado por Mi nombre y a quien he creado para Mi gloria, a quien he formado y a quien he hecho. (Isaías 43:6-7)

Que Dios nos haya creado para su gloria no significa que iba a ser más glorioso de lo que ya era. Dios es el mismo, ayer, hoy y por los siglos (Hebreos 13:8). Por el contrario, ser creado para su gloria redunda en nuestro beneficio. La gloria de Dios es el oxígeno de nuestro espíritu. Dios no nos llama a seguirlo y amarlo porque es un Dios tirano que demanda fidelidad bajo pena de aniquilamiento, sino porque sabe que no hay mejor lugar para uno que en su gloria, pues no fuimos creados para estar separados de Él. Esto debería cambiar totalmente nuestra perspectiva.

Experimentar la gloria de Dios tiende a relacionarse con una experiencia emocional en la que se sienten ciertas cosas especiales. Es verdad que la manifestación de la gloria de Dios es sobrenatural, pero experimentar la gloria de Dios no implica solo un éxtasis espiritual o una experiencia emocional, sino adentrarnos en la profundidad del corazón de Dios y en el pleno conocimiento de su grandeza, su bondad y su belleza. Jesús oró al Padre pidiendo primeramente por Él:

> **La gloria de Dios es el oxígeno de nuestro espíritu.**

> Estas cosas habló Jesús, y alzando los ojos al cielo, dijo: «Padre, la hora ha llegado; glorifica a tu Hijo, para que el Hijo te glorifique a Ti». (Juan 17:1)

¿Por qué Jesús quería que el Padre lo glorificara? Él lo dice más adelante: «por cuanto le diste autoridad sobre todo ser humano, para que Él dé vida eterna a todos los que le has dado» (Juan 17:2). Jesús quería ser glorificado por el Padre para poderle dar vida eterna a todos aquellos que creyeran en su nombre. Luego pasa a definir la vida eterna: «Y esta es la vida eterna: que te conozcan a Ti, el único Dios verdadero, y a Jesucristo, a quien has enviado» (Juan 17:3). La vida eterna es conocer al Padre y al Hijo y conocer a Dios es conocer su gloria. La vida eterna es conocer y disfrutar de la perfecta y hermosa gloria de Dios.

La frase «la gloria del Señor» aparece muchas veces en la Biblia. La palabra «gloria» en hebreo significa literalmente «peso, esplendor o majestad». Para entender por qué la palabra *gloria* significa *peso* consideremos el siguiente versículo: «Notifiquen, pues, a mi padre toda mi gloria en Egipto y todo lo que han visto; dense prisa y traigan aquí a mi padre» (Génesis 45:13). José se dio a conocer a sus hermanos y les pide que le cuenten a su padre sobre toda su gloria. Esto es como cuando un hijo gana un premio y va corriendo a contarle su logro a su padre. Eso está haciendo José al querer que su padre supiera lo lejos que había llegado, todo el esplendor, la autoridad, las riquezas que disfrutaba; en otras palabras, quería que conociera el *peso* que José tenía en Egipto.

La Biblia presenta por primera vez una referencia a la gloria de Dios en el libro de Éxodo:

> **La gloria de Dios es el peso inconmensurable del esplendor, la hermosura, la esencia, la bondad, el amor, la majestad, el poder y la autoridad de Dios. Es todo lo que Dios es y tiene.**

Por la mañana, verán la gloria del SEÑOR, porque él oyó las quejas de ustedes, que son contra él y no contra nosotros. (Éxodo 16:7, NTV)

La gloria de Dios se apareció en medio de la nube, luego descendió en forma de fuego sobre el monte Sinaí. Sin embargo, la gloria de Dios no es una nube, una montaña ni un fuego. La gloria de Dios es el peso inconmensurable del esplendor, la hermosura, la esencia, la bondad, el amor, la majestad, el poder y la autoridad de Dios. Es todo lo que Dios es y tiene.

La gloria de Dios mantiene en orden el cosmos. Uno puede sentir el «peso» de la presencia de un personaje importante, como un presidente o alguna figura pública. Sin embargo, cuando hablamos de la gloria de Dios, no hay forma ni siquiera de permanecer de pie cuando se presenta su gloria. Uno de mis pasajes bíblicos favoritos es uno en que se vislumbra la relación íntima entre Moisés y Dios: «Y el Señor acostumbraba hablar con Moisés cara a cara, como habla un hombre con su amigo» (Éxodo 33:11). Un poco más adelante, Moisés le hace una profunda petición a Dios. «Entonces *Moisés* dijo: "Te ruego que me muestres Tu gloria"» (Éxodo 33:18). Moisés ya había tenido varias experiencias con la gloria de Dios, desde aquella ocasión en que Dios lo llamó en la zarza ardiente hasta cada vez que entraba en la tienda de reunión, la nube la cubría y el Señor hablaba con él. Sin embargo, cuando una persona experimenta un destello de la gloria de Dios, no puede evitar querer volver a experimentarlo, tal como le sucedió a Moisés. Una de las evidencias de que alguien tiene intimidad con Dios es que constantemente quiere buscar y conocer más de Él.

> Sin embargo, cuando una persona experimenta un destello de la gloria de Dios, no puede evitar querer volver a experimentarlo. Una de las evidencias de que alguien tiene intimidad con Dios es que constantemente quiere buscar y conocer más de Él.

Los seres humanos no solo fuimos creados para habitar en la gloria de Dios, sino que fuimos creados a la imagen de Dios y para su gloria. Por eso el espíritu de Moisés estaba sediento por conocer más de la gloria de Dios y le hace esta petición que el Señor responde:

Y el SEÑOR respondió: «Yo haré pasar toda Mi bondad delante de ti, y proclamaré el nombre del Señor delante de ti. Tendré misericordia del que tendré misericordia, y tendré compasión de quien tendré compasión». Y añadió: «No puedes ver Mi rostro; porque nadie me puede ver, y vivir». (Éxodo 33:19-20)

Así como un hijo de Dios anhela la gloria del Señor, Dios también anhela mostrarnos su gloria. Tengo la convicción de que una de las razones por la que Jesús regresará por su iglesia y desea que estemos juntos en su reino es para que sus hijos podamos ver su gloria en todo su esplendor. Dios elaboró todo un plan para cumplir el deseo de Moisés:

Entonces el SEÑOR dijo: «Hay un lugar junto a Mí, y tú estarás sobre la peña; y sucederá que al pasar Mi gloria, te pondré en una hendidura de la peña y te cubriré con Mi mano hasta que Yo haya pasado. Después apartaré Mi mano y verás Mis espaldas; pero Mi rostro no se verá». (Éxodo 33:21-23)

Este es uno de los pasajes que más nos demuestran el corazón del Padre. Ese corazón que late día y noche por ti, que anhela estar contigo, que se deleita en amarte y darse a conocer. Así como un padre ama ver a su hijo feliz y hace todo lo que puede para verlo sonreír, de la misma manera Dios ama verte sonreír y desea que todos los días de tu vida en esta tierra puedas disfrutar de su gloria, la cual está disponible para aquellos que han creído en su Hijo, Jesucristo. Somos además un reflejo de su gloria, que es el privilegio más grande que Él nos haya dado, como decía Pablo, «pero tenemos este tesoro en vasos de barro, para que la extraordinaria grandeza del poder sea de Dios y no de nosotros» (2 Corintios 4:7).

No solo Moisés experimentó la gloria de Dios, sino que también el rey David habló detalladamente sobre la gloria de Dios y la relación que tiene con los seres humanos. Él cantó:

¡Oh Señor, Señor nuestro, cuán glorioso es Tu nombre en toda la tierra, que has desplegado Tu gloria sobre los cielos! (Salmos 8:1)

> Ese corazón que late día y noche por ti, que anhela estar contigo, que se deleita en amarte y darse a conocer.

Me gusta ver la similitud entre esta oración de David y la oración de Jesús que conocemos como «el Padre nuestro». Las dos empiezan de la misma manera, separando el nombre de Dios de todos los otros nombres. Cuando Jesús ora: «Santificado sea tu nombre», está señalando que el nombre de Dios sea apartado o exclusivo. Del mismo modo, David está declarando que el nombre de Dios es sumamente glorioso en toda la tierra. No hay ninguna gloria que pueda compararse con la gloria del Señor. La palabra hebrea que se traduce como «desplegado» significa «adscribir, celebrar, conmemorar», es decir, la gloria de Dios se celebra en todas las direcciones del firmamento porque la creación es un reflejo de la sabiduría, creatividad y la hermosura de la gloria de Dios. Luego David añade:

¿Qué es el hombre para que te acuerdes de él, y el hijo del hombre para que lo cuides? ¡Sin embargo, lo has hecho un poco menor que los ángeles, y lo coronas de gloria y majestad! (Salmos 8:4-5)

Aunque seamos sumamente insignificantes en comparación con el universo, Dios nos ha coronado de gloria y majestad y se ha complacido en nosotros. Nos ha hecho un reflejo de su gloria. La gloria de Dios es la esencia que todo ser humano, de forma consciente o inconsciente, busca toda su vida. El problema es que busca sustitutos ínfimos en el dinero, fama, amigos, parejas, sexo, alcohol o distracciones. No obstante, nada saciará nuestros espíritus como la gloria de Dios. Fuimos creados para habitar en la gloria del Señor, pero por el pecado fuimos destituidos de la gloria divina:

Por cuanto todos pecaron y no alcanzan la gloria de Dios.
(Romanos 3:23)

El sol expone claramente su gloria: su calor a través de su fuerza, magnitud y luz. Si nos exponemos a su gloria por un tiempo, empezaremos a notar sus efectos en nuestra piel. De la misma manera, cuando somos expuestos a la hermosura, majestad, grandeza y gloria de Dios, podemos empezar a percibir sus efectos en nuestros corazones. No obstante, al igual que un bloqueador que nos protege del sol para que no afecte nuestra piel, así el pecado opera como un bloqueador que crea una capa sobre nuestros ojos espirituales que impide percibir la gloria de Dios. Sin embargo, Dios nos entregó una solución para quitar esa pecaminosidad que no nos permite verlo y disfrutarlo. Jesús es la solución al problema del pecado. A través de su obra redentora remueve esa capa y al volver a tener comunión con

Dios empezamos a contemplarlo y a ser transformados a su imagen y semejanza.

En resumen, la gloria de Dios es el peso inconmensurable de su presencia, hermosura, majestad, amor, bondad, creatividad y perfección. Nuestros corazones anhelan su gloria. No hay persona que no sea transformada después de experimentar la gloria de Dios, ni corazón que se pueda resistir a tal belleza. Mi oración es que puedas pedir, conocer y experimentar la gloria de Dios para que tu vida no tenga otra razón de existir que glorificarlo.

Lo que transforma nuestros corazones no es simplemente ver la gloria de Dios en la distancia o por el comentario de otros, sino experimentarla y conocerla nosotros mismos. Tal vez puedes definir la gloria de Dios porque escuchaste hablar de ella o la viste de lejos reflejada en su propia creación, pero te pregunto:

¿Ya has experimentado la gloria de Dios, la has conocido y has probado de ella personalmente?

La Biblia habla de que la creación cuenta la gloria de Dios, pero la mayor manifestación de la gloria de Dios a la humanidad ha sido la encarnación de Jesús, el Hijo de Dios, quien vivió como uno de nosotros, pero sin pecado alguno. Él fue entregado en sacrificio perfecto por nosotros para el perdón de nuestros pecados. De Jesús y su obra estaremos hablando en el próximo capítulo.

La imagen visible

«Cristo es la imagen visible del Dios invisible. Él ya existía antes de que las cosas fueran creadas y es supremo sobre toda la creación».

(Colosenses 1:15, NTV)

LOS HIJOS SON LA GLORIA más grande y valiosa de un matrimonio: «Los hijos son un regalo del SEÑOR; son una recompensa de su parte» (Salmos 127:3, NTV). Los padres aman a sus hijos de igual manera, pero existe una relación y una unión muy fuerte entre la mamá y sus hijos. Los hijos ocupan una parte muy grande y especial en el corazón de sus madres. Incluso cuando las mamás se reúnen para hablar (lo que hacen mucho y muy bien), usualmente un gran porcentaje de sus conversaciones se relacionan con sus hijos. Los papás amamos mucho a nuestros hijos, pero la mamá tiene algo especial y profundo dado por Dios. Quizás esté relacionado con el tiempo de gestación en el vientre y todo ese vínculo estrecho y único. Por algo el profeta Isaías dice: «¿Puede una mujer olvidar a su niño de pecho, sin compadecerse del hijo de sus entrañas? Aunque ella se olvidara, Yo no te olvidaré» (Isaías 49:15). Ese vínculo filial es muy estrecho, pero es más estrecho el vínculo filial con Dios. Es muy difícil que una madre olvide a su hijo, pero Dios no lo olvidará. En otras palabras, el amor de una madre es muy profundo y fuerte, pero no se puede comparar con el amor perfecto, profundo, inmenso e inquebrantable que Dios siente por nosotros.

Ahora imagínate lo que habrá sido para el Padre despojarse de su único Hijo y enviarlo a morir en una cruz por nosotros. Al igual que para un padre y una madre terrenal no hay mayor gloria y honor que sus hijos, de la misma manera sucede con Dios. Y el hecho de que el Padre haya enviado a Jesús para ser entregado por ti y por mí nos habla de cuánto tú y yo valemos para Él y de cuán grande es su amor por nosotros. «Porque de tal manera amó Dios al mundo, que dio a Su Hijo unigénito, para que todo aquel que cree en Él, no se pierda, sino que tenga vida eterna» (Juan 3:16).

Jesús incluso habla de la gloria de la que tuvo que despojarse para rescatarnos: «Y ahora, glorifícame Tú, Padre, junto a Ti, con la gloria que tenía contigo antes que el mundo existiera» (Juan 17:5). Este es un pasaje muy importante que debemos entender en profundidad. Jesús habla de la gloria que *tenía* con Dios en el pasado. Jesús no solo vino a cumplir su misión redentora, sino que para hacerlo se despojó de toda la gloria que tenía con el Padre. Él se bajó del trono.

> Haya, pues, en ustedes esta actitud que hubo también en Cristo Jesús, el cual, aunque existía en forma de Dios, no consideró el ser igual a Dios como algo a qué aferrarse, sino que se despojó a Sí mismo tomando forma de siervo, haciéndose semejante a los hombres. (Filipenses 2:5-7)

La frase «se despojó» es literalmente «se vació de sí mismo», es decir, se privó de toda su gloria al renunciar temporalmente a sus privilegios. Piensa por un momento en esta verdad y vuelve a considerar quién es Jesús: «Él es el resplandor de Su gloria y la expresión exacta de Su naturaleza, y sostiene todas las cosas por la palabra de Su poder» (Hebreos 1:3). Profundizar realmente en la gloria de Dios y experimentarla en nuestras vidas requiere buscar y conocer a Jesús.

Una vida debe glorificar a Dios en todo lo que hace, pero lo que más glorifica al Padre es que uno se entregue a Jesús y lo reconozca como Señor y Salvador. Podemos decir que hacemos muchas cosas para Dios, pero solo rendiremos nuestros corazones a Dios cuando reconozcamos a Cristo y el motivo de su encarnación:

El Verbo se hizo carne, y habitó entre nosotros, y vimos Su gloria, gloria como del unigénito del Padre, lleno de gracia y de verdad. (Juan 1:14).

Ver la gloria de Jesús lo cambia todo, pues todo ser humano necesita gracia y verdad. Ya vimos que fuimos destituidos de la gloria de Dios producto de nuestros pecados y maldad: «Todos pecaron y no alcanzan la gloria de Dios» (Romanos 3:23). El apóstol Pablo usa una palabra griega que literalmente significa «ser posterior, quedarse corto, no alcanzar». Todo el bien que podamos hacer en esta vida «no alcanza» para siquiera ver o estar en la gloria de Dios. Por eso Dios envió al resplandor de su gloria a fin de rescatarnos y salvarnos:

Todos son justificados gratuitamente por Su gracia por medio de la redención que es en Cristo Jesús. (Romanos 3:24)

Esta justificación es gratuita y no la recibimos por algo que podamos hacer. Jesús la hizo posible en la cruz. Él dijo que este es un misterio escondido por Dios a la mente humana: «Te alabo, Padre, Señor del cielo y de la tierra, porque ocultaste estas cosas a sabios e inteligentes, y las revelaste a los niños» (Mateo 11:25). Por eso glorificamos la obra de Cristo a través de la «fe». La puerta a la gloria de Dios es la fe como la de un niño. El primer paso para glorificar a Dios es rendirle tu vida a Jesús con todos tus miedos, dudas y ansiedades. Él puede cuidar de ti por completo, perdonar tus pecados y transformar tu vida. Acepta hoy mismo el regalo de la salvación que te ofrece Jesús.

Puede ser que nunca le hayas entregado tu vida a Jesús o que hayas pronunciado miles de veces la famosa «oración de fe», pero aun así sientes que te falta algo. Esto se debe a que entregarle nuestras vidas a Cristo es mucho más que repetir una oración. Se trata de rendir nuestra voluntad, cambiar nuestros conceptos equivocados sobre cómo agradar a Dios y la manera en que pensábamos en cuanto a que alcanzaríamos el cielo con nuestras propias fuerzas o que con buenas obras podríamos comprar su perdón. Es abandonar todas las viejas formas de pensar y confiar plenamente en su salvación y su obra redentora en la cruz.

La obra en la cruz de Jesucristo no necesita que le agreguemos nada. Es suficiente por sí sola. Jamás podríamos haber agregado un ápice a nuestra salvación y por eso descansamos y ponemos nuestras vidas a sus pies, como aquella mujer que se postró a los pies de Jesús y los ungió con perfume (Mateo 26:6-13). Ese acto de arrepentimiento demostró que estaba entregándole su corazón a Cristo en fe. La pregunta que deberíamos hacernos es: ¿cuál es para mí el frasco de perfume valioso que debo entregarle a Jesús hoy? Para Pedro fueron unas redes de pescar, y para Mateo una mesa de impuestos. ¿Y para ti? ¿Qué aspecto tiene tu

> Esto se debe a que entregarle nuestras vidas a Cristo es mucho más que repetir una oración. Se trata de rendir nuestra voluntad, cambiar nuestros conceptos equivocados sobre cómo agradar a Dios y la manera en que pensábamos en cuanto a que alcanzaríamos el cielo con nuestras propias fuerzas o que con buenas obras podríamos comprar su perdón.

> La obra en la cruz de Jesucristo no necesita que le agreguemos nada. Es suficiente por sí sola.

> Sí te puedo asegurar una cosa, nunca nadie se arrepintió de quebrar su frasco a los pies de Cristo. En ese momento se experimenta la gracia de nuestro Salvador, lo más hermoso que pudiéramos experimentar.

frasco? Sí te puedo asegurar una cosa, nunca nadie se arrepintió de quebrar su frasco a los pies de Cristo. En ese momento se experimenta la gracia de nuestro Salvador, lo más hermoso que pudiéramos experimentar.

Este podría ser un buen momento para dejar este libro a un lado por unos minutos y rendirle tu vida a Jesús. Esto no es una rendición de una vez, sino una actitud diaria. Cada día debemos volver a sus pies y quebrar nuestros «frascos de perfume». Tómate unos minutos y entrégale tu corazón junto con cualquier sueño, meta, persona o cosa que se pueda haber adueñado de tu corazón que no sea Él.

La Biblia nos enseña que Jesús es la imagen visible del Dios invisible. Esto quiere decir que, si queremos realmente conocer la gloria de Dios, lo podemos hacer a través del Hijo. Si no conocemos al Hijo no hay manera de conocer la gloria de Dios. El Padre realizó el acto de amor más grande de la historia al enviar a su Hijo. Por eso Jesús dijo:

Padre, quiero que los que me has dado, estén también conmigo donde Yo estoy, para que vean Mi gloria, la *gloria* que me has dado; porque me has amado desde antes de la fundación del mundo. (Juan 17:24)

Jesús anhela que veamos, conozcamos y experimentemos su gloria, porque así tendremos la plenitud máxima alcanzable en esta tierra. La palabra en griego que Él utilizó para «ver» su gloria se puede traducir como «contemplar». La mayor transformación de nuestros corazones no tendrá lugar cuando tratemos de seguir, obedecer y agradar a Jesús con nuestras fuerzas, sino cuando simplemente nos sentemos a contemplar su belleza, gracia, poder y sabiduría. Los once apóstoles salieron a transformar al mundo porque contemplaron la gloria de Jesús con la que ellos mismos fueron transformados. Podemos escuchar hablar de Jesús por diferentes medios, pero nada se compara a cuando uno mismo contempla su hermosura en intimidad y comunión.

Dios nos creó a su imagen y semejanza, pero el pecado distorsionó e impidió que nos pareciéramos a Jesús. Sin embargo, a través de la sangre de Cristo derramada en la cruz y el regalo del Espíritu Santo hoy podemos volver a parecernos a Él. Eso es

> La mayor transformación de nuestros corazones no tendrá lugar cuando tratemos de seguir, obedecer y agradar a Jesús con nuestras fuerzas, sino cuando simplemente nos sentemos a contemplar su belleza, gracia, poder y sabiduría.

lo más trascendental que puede pasarnos en esta vida. Esa es nuestra mayor meta y es lo que Jesús nos mandó a hacer cuando dijo: «Vayan, pues, y hagan discípulos de todas las naciones» (Mateo 28:19). El llamado de la iglesia es a que lo imitemos y prediquemos el evangelio para que Cristo se forme en las personas.

Dios es glorificado cuando otros pueden ver a Jesús en nosotros y a través de nosotros. Esto trae gloria tal al Padre, cuando las personas que nos rodean pueden percibir a Jesús a través de nuestras vidas. Pero, nuevamente, eso no se logra con nuestras fuerzas, sino que solamente el Espíritu Santo puedo hacerlo a medida que contemplemos cada vez más a Jesús.

Uno de los versículos que Dios usó para llamarme al ministerio es el siguiente:

Una voz clama: «Preparen en el desierto camino al SEÑOR; allanen en la soledad calzada para nuestro Dios. Todo valle sea elevado, y bajado todo monte y collado; vuélvase llano el terreno escabroso, y lo abrupto, ancho valle. Entonces será revelada la gloria del SEÑOR, y toda carne a una la verá, pues la boca del SEÑOR ha hablado». (Isaías 40:3-5)

Esta profecía se cumplió cuando Juan el Bautista proclamó la llegada del reino de Dios. Se refiere a Jesús cuando habla de que será revelada la gloria del Señor. Él es la gloria de Dios y la imagen del Dios invisible. Jesús es el que cambió la historia para siempre y el que nos permite por medio de su sacrificio en la cruz experimentar la eterna y preciosa gloria de Dios. Quisiera reiterar lo que he venido diciendo: mientras más conozcamos al Hijo, más experimentaremos la gloria de Dios, su hermosura y su plenitud.

Durante la historia de la resurrección de Lázaro, Jesús le pregunta a Marta: «¿No te dije que si crees, verás la gloria de Dios?» (Juan 11:40). La referencia a «la gloria de Dios» no era por el milagro en sí, sino una referencia a Él mismo. Jesús le había dicho antes: «Yo soy la resurrección y la vida; el que cree en Mí, aunque muera, vivirá» (Juan 11:25). Jesús es la gloria de Dios y cuando creemos, veremos y experimentaremos la gloria de Dios todos los días de nuestras vidas. Muchos dicen creer en Jesús, pero no ven la gloria de Dios. Esto se debe a que no es lo mismo creer en Jesús que creerle a Jesús. Marta creía en Jesús, pero en ese momento la desafió a que le creyera a Él. Uno puede pasar una vida entera creyendo en Dios, pero no creerle a Dios. Solo veremos la gloria de Dios cuando pasamos de creer solamente en Él a creerle a Él.

No basta solo con afirmarlo con nuestros pensamientos o palabras. Se requiere acción.

Marta creía en Jesús, pero cuando Jesús llegó al sepulcro y dijo: «Quiten la piedra» (Juan 11:39), ella objetó el pedido porque Lázaro llevaba cuadro días muerto. Jesús hizo el pedido antes del milagro porque busca primero nuestra fe. Si Él tenía el poder para resucitar a un muerto, nada le hubiera costado mover la piedra de forma sobrenatural. Lo hubiera hecho sin problema alguno. Pero eso no significa que debemos quedarnos simplemente como observadores pasivos. Es por eso que la fe de Marta fue desafiada cuando dijo que quitaran la piedra.

Ya he dicho que creer es mucho más que una afirmación mental porque implica una acción. Consideremos también la historia del paralítico en el estanque de Betesda. Jesús se le acercó y le hizo una pregunta que podría sonar muy obvia y hasta sin sentido:

Estaba allí un hombre que hacía treinta y ocho años que estaba enfermo. Cuando Jesús lo vio acostado allí y supo que ya llevaba mucho tiempo en aquella condición, le dijo: «¿Quieres ser sano?». (Juan 5:5-6)

Tiene treinta y ocho años enfermo, sin poder caminar y le preguntan si quiere ser sano. ¡Hasta parecería una broma! Podría suponer que la pregunta de Jesús se debió a que este hombre estuvo tanto tiempo enfermo que quiso saber si de verdad quería ser sano. Los problemas muy prolongados hacen que perdamos la fe y nos acostumbremos a la enfermedad, la dificultad o lo que estemos enfrentando. Es interesante que el paralítico no respondió diciendo: «¡Sí, Señor, quiero, sáname por favor!», sino que entregó una excusa. Esto pone en evidencia que quizás se había acostumbrado a la enfermedad. Jesús igual lo sanó, pero no lo tocó o le dio la mano, sino le dio una orden: «Levántate, toma tu camilla y anda» (v. 8). El milagro anhelado puede ya estar concedido, pero simplemente requiere una acción de nuestra parte: remover la piedra o ponernos en pie, una materia prima con la que Jesús pueda revelar su gloria.

La Palabra de Dios es muy clara en cuanto al tipo de fe que nos permite ver la gloria de Dios. Por ejemplo, Santiago dice: «¿De qué sirve, hermanos míos, si alguien dice que tiene fe, pero no tiene obras? ¿Acaso puede esa fe salvarlo?» (Santiago 2:14). La fe genuina está acompañada de movilidad y acción que acompaña a Jesús para que obre de manera milagrosa. Otro milagro que ilustra muy bien esta realidad es el de las bodas de Caná, cuando convirtió el agua en vino. Jesús obró el milagro después de pedir que llenaran las tinajas con agua.

Piensa en ello por un momento. Se habían quedado sin vino y Jesús pide que llenen seis tinajas de agua, un equivalente a cien litros en cada una. Me imagino murmurando a los que estaban cargando las tinajas: «¿Qué onda con este Jesús? ¿Por qué quiere seiscientos litros de agua? ¿Será que se confundió y entendió que necesitaban agua en lugar de vino? ¿Valdrá la pena gastar toda esta agua? ¿Cuánto tiempo más falta para terminar de cargar tanto líquido?». Mucho pudo haber pasado por sus mentes, pero su obediencia proporcionó la plataforma para que Jesús pudiera hacer el milagro.

Lo más intrigante es lo que pasó después que las tinajas estaban llenas de agua. Jesús les dijo que sacaran un poco y lo llevaran al mayordomo. Me pregunto cuándo se convirtió el agua en vino. ¿Mientras cargaban las tinajas? ¿Al llevarlas a Jesús? ¿Cuándo iban donde el mayordomo? ¿En la boca del mayordomo? No tenemos mayores detalles para saber cuándo el agua se convierte en vino porque debemos aprender que los milagros de Jesús no suceden como nosotros esperamos, tampoco ocurren por nuestro poder. Solo debemos ser obedientes y ofrecer una plataforma donde su gloria pueda descender. A nosotros solo nos queda creer y confiar.

Juan dice al final de la historia: «Este principio de *Sus* señales hizo Jesús en Caná de Galilea, y manifestó Su gloria, y Sus discípulos creyeron en Él» (Juan 2:11). La revelación de la gloria de Dios ocurre claramente cuando confiamos en Él y hay un lugar donde manifestarse. Experimentar la gloria de Dios siempre termina afianzando y fortaleciendo la fe de la persona, pero primero será probada nuestra fe. Es posible que te estés preguntando qué tipo de

> Los milagros de Jesús no suceden como nosotros esperamos, tampoco ocurren por nuestro poder. Solo debemos ser obedientes y ofrecer una plataforma donde su gloria pueda descender.

gloria manifestó Jesús. Aparte del milagro mismo, la verdadera gloria que se manifestó fue su persona. Es por eso que Juan enfatiza que los discípulos creyeron en Él, no en el milagro.

Jesús es la entrada para experimentar y conocer la gloria de Dios. Él es el camino para glorificar al Padre. Jesús es el mediador que nos da esperanza de gloria eterna.

> Alcen, oh puertas, sus cabezas,
> álcense, puertas eternas,
> Para que entre el Rey de la gloria.
> ¿Quién es este Rey de la gloria?
> El Señor, fuerte y poderoso;
> El Señor, poderoso en batalla.
> Alcen, oh puertas, sus cabezas,
> Álcenlas, puertas eternas,
> para que entre el Rey de la gloria.
> ¿Quién es este Rey de la gloria?
> El Señor de los ejércitos,
> Él es el Rey de la gloria.
> (Salmos 24:7-10)

Jesús es el Rey de la gloria profetizado por David. Lo más sorprendente de todo es que este Rey de la gloria se despojó de todo su esplendor al venir a la tierra y asumir la condición de un hombre, humillándose a sí mismo y muriendo sobre una cruz para que tú y yo tengamos acceso a su gloria eterna. El Rey de la gloria decidió compartir con nosotros su gloria y hacernos partícipes de su reino eterno. El Hijo de Dios se hizo hombre para que los hombres se hicieran hijos de Dios.[1]

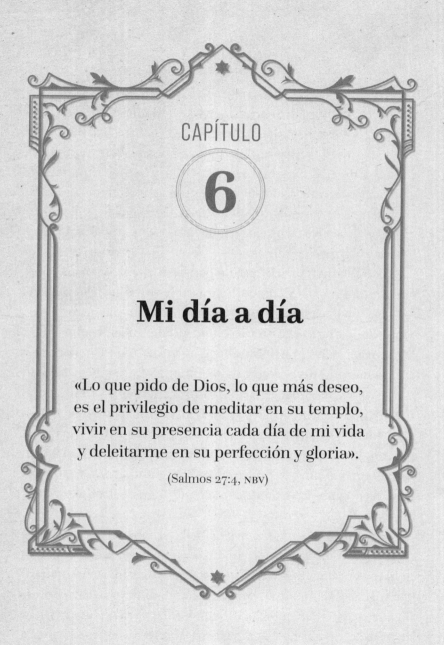

CAPÍTULO

6

Mi día a día

«Lo que pido de Dios, lo que más deseo,
es el privilegio de meditar en su templo,
vivir en su presencia cada día de mi vida
y deleitarme en su perfección y gloria».

(Salmos 27:4, NBV)

NUESTRA MAYOR META EN la vida es ser imitadores de Cristo y buscar parecernos cada día más a Él, reflejando la imagen Dios en nuestras vidas. Hemos sido creados a la imagen de Dios y la mejor manera de glorificarlo es reflejando su carácter y acciones en nuestra vida. Hay cientos de formas y maneras en las que podemos glorificar a Dios y de seguro estamos familiarizados con muchas de ellas. Veamos algunos ejemplos.

Glorificamos a Dios cuando ponemos nuestra fe en Él porque no tenemos la habilidad para vivir con nuestras propias fuerzas y por eso descansamos en sus palabras y promesas. También glorificamos a Dios a través de nuestra adoración. La adoración en la Biblia mueve el corazón de Dios cuando su creación le invoca con devoción y alabanza. Del mismo modo, glorificamos a Dios usando los dones y talentos que nos ha dado en beneficio de su iglesia. Glorificamos a Dios al obedecer su Palabra cuando nos dice que ayudemos a las viudas, los pobres y los necesitados. Glorificamos a Dios al mantenernos puros de la contaminación del mundo, dando generosamente y también cuando predicamos a otros el mensaje del evangelio.

Muchas de las formas de glorificar a Dios ya las conocíamos o las habíamos escuchado. Incluso los no creyentes entienden que una persona que viene a Cristo debe cambiar para glorificar a Dios. Sin embargo, por muchísimo tiempo se les ha pedido a los cristianos que glorifiquen a Dios pero de una manera incorrecta. Se nos ha exigido glorificar a Dios sin antes haberlo amado, es decir, glorificarlo sin disfrutar primero de Dios. Glorificar a Dios de todas las maneras mencionadas debería ser la consecuencia del deleite con Dios y el cambio profundo producido por el Espíritu Santo y no al revés.

El problema de que nos cueste vivir vidas que glorifiquen a Dios se debe a que lo queremos hacer desde una base que no es el amor y el deleite. Por ejemplo, en un matrimonio que está sufriendo, los dos saben qué pueden hacer para fortalecer la relación y glorificar a su pareja: salir a disfrutar de una cena romántica, ser más serviciales en la casa con los quehaceres domésticos, mostrarse más atentos, sorprenderse con detalles, dedicarse tiempo y muchas otras cosas. Sin embargo, ¿por qué hacemos estas cosas naturalmente y casi sin esfuerzo en la etapa o cuando recién conocemos a la otra persona. Lo hacemos porque parten de una base de amor y contemplación hacia la pareja. Pero con el pasar los años no dejamos de amarla, sino que dejamos de contemplarla, es decir, dejamos de glorificarla. Vivir glorificando a Dios tendrá sus sacrificios, esfuerzos y desafíos, pero debería brotar naturalmente de nuestro interior si lo hacemos por amor y deleite en Él.

La única manera de ser imitadores de Cristo es ir más allá del conocimiento de la verdad y llevarlo a la práctica en todas las áreas de nuestras vidas. No habrá cambio sin practicar lo aprendido. Entonces las preguntas son:

> Vivir glorificando a Dios tendrá sus sacrificios, esfuerzos y desafíos, pero debería brotar naturalmente de nuestro interior si lo hacemos por amor y deleite en Él.

¿Cómo podemos glorificar a Dios al despertarnos en la mañana, preparar el desayuno, manejar al trabajo, estar atascado en medio del tráfico, rellenar hojas de Excel, permanecer sentado detrás de un escritorio, estudiar en la universidad, limpiar casas o cambiar pañales?

¿Cómo podemos lograr que toda la verdad de la Palabra de Dios atesorada en mi espíritu y mi corazón se convierta en acciones en mi diario vivir?

Uno de los problemas a los que nos enfrentamos es que la mayoría de las veces queremos cambiar demasiadas cosas al mismo tiempo y glorificar a Dios en todo lo que hacemos de un momento para otro. Es como cuando es Año Nuevo y queremos empezar a ir al gimnasio todos los días, comer sano siempre, leer un libro por semana, estudiar más tiempo, aprender otro idioma, empezar una nueva inversión, ir a dormir temprano y leer la Biblia y orar todos los días a las cinco de la mañana. Basta una semana para darte cuenta de que lograrlo es imposible. No se puede cambiar todo eso de un día para otro. Por más disciplina y fuerza de voluntad que tengas, te cansarás y lo abandonarás. Eso sucede con mucha frecuencia.

> El cambio radical no sucede de un día para otro, sino que va sucediendo gradualmente hasta sin darnos cuenta.

Esto es aún más cierto cuando miramos a Jesús y deseamos imitarlo, pero nos sentimos tan lejos de lograrlo que simplemente nos rendimos frente a tal desafío. No debería ser así. Es posible que el cambio no suceda de la noche a la mañana, pero con constancia y paso a paso iremos avanzando y llegaremos a la meta. El cambio radical no sucede de un día para otro, sino que va sucediendo gradualmente hasta sin darnos cuenta. Ocurre como con el atardecer, cuando miras al sol parece que no se moviera, pero sin darnos cuenta en poco tiempo el sol ya se ha puesto.

Glorificar completamente a Dios empieza haciéndolo en una sola área de nuestra vida. La clave para lograr el cambio está en enfocar toda nuestra energía y atención en esa sola área y trabajar para lograrlo. Algunos creen que pueden hacer varias cosas a la vez, es decir, son «multitarea». Pueden ir manejando y mantener una conversación, leer un libro y comer al mismo tiempo, hablar por teléfono y escribir. Sin embargo, la realidad es que no existe la multitarea.

La universidad de Harvard publicó un artículo sobre cómo los seres humanos no podemos hacer dos cosas a la vez:

Tenemos un cerebro con miles de millones de neuronas y muchos billones de conexiones, pero parecemos incapaces de hacer varias cosas al mismo tiempo. Lamentablemente, la multitarea no existe, al menos no como lo pensamos. En su lugar, cambiamos de tareas. Nuestro cerebro elige qué información procesar.[1]

> La clave para lograr el cambio está en enfocar toda nuestra energía y atención en esa sola área y trabajar para lograrlo.

Cuando queremos hacer dos cosas a la vez nuestro cerebro va rápidamente saltando de tarea en tarea y elige qué información procesar. Enfocarnos en una tarea a la vez es un principio establecido por Dios que, si lo ponemos en práctica, poco a poco iremos cambiando y glorificando a Dios en cada área de nuestra vida. Esto no quiere decir que no podamos enfocarnos en diferentes tareas u objetivos. Lo que sí debemos tener bien establecido en nuestro corazón es lo que el rey David declaró:

> Una cosa he pedido al SEÑOR, y esa buscaré: que habite yo en la casa del SEÑOR todos los días de mi vida, para contemplar la hermosura del SEÑOR y para meditar en Su templo. (Salmos 27:4 énfasis añadido)

> **Hay una sola cosa que debemos buscar y atesorar si queremos glorificar a Dios en nuestro día a día y es «contemplar la hermosura del SEÑOR», es decir, disfrutar a Dios.**

Existen una infinidad de formas diferentes de glorificar a Dios, pero al igual que un edificio de muchos pisos con diferentes tamaños de departamentos está sostenido por una sola base, hay una sola cosa que debemos buscar y atesorar si queremos glorificar a Dios en nuestro día a día y es «contemplar la hermosura del SEÑOR», es decir, disfrutar a Dios. Esta debe ser nuestra mayor prioridad y meta:

> Disfrutar a Dios por sobre todas las otras cosas que podemos disfrutar en esta tierra.

Se nos hace difícil vivir glorificando a Dios porque construimos sobre una base fundamental que no es el deleite y el disfrute del Señor. Confundimos el disfrute de Dios con otras cosas que no son necesariamente malas, pero no son lo mismo que disfrutar y contemplar a Dios. Por ejemplo, podemos creer que servirle es contemplarlo, pero no lo es. Podríamos estar sirviendo a Dios todos los días sin disfrutarlo nunca. Esto lo vemos graficado en la historia de Marta y María, donde se repite de nuevo el principio de solo una cosa:

> Mientras iban ellos de camino, Jesús entró en cierta aldea; y una mujer llamada Marta lo recibió en su casa. Ella tenía una hermana que se llamaba María, que sentada a los pies del Señor, escuchaba Su palabra. Pero Marta se preocupaba con todos los preparativos. Y acercándose *a Él, le* dijo: «Señor, ¿no te importa que mi hermana me deje servir sola? Dile, pues, que me ayude». El Señor le respondió: «Marta, Marta, tú estás preocupada y molesta por tantas cosas; pero una sola cosa es necesaria, y María ha escogido la parte buena, la cual no le será quitada». (Lucas 10:38-42)

Jesús habló en muchas ocasiones de la importancia del servicio. Ahora estaba tratando de enfatizar una idea fundamental: el deleite y el disfrute de su persona es la base de todo lo que hagamos por Él. Es posible servir a Jesús sin disfrutarlo, pero es imposible disfrutarlo sin servirle.

Un estilo de vida de contemplación de Dios se caracteriza

> La base de todo lo que hagamos por Él. Es posible servir a Jesús sin disfrutarlo, pero es imposible disfrutarlo sin servirle.

por un involucramiento y una continua conciencia de su presencia en todo lo que hacemos, por más ordinario que sea durante nuestro día a día. Todas nuestras decisiones apuntan a glorificar a Dios cuando nuestro mayor deseo es disfrutar de Él. Resulta imposible glorificarlo sin disfrutar a Dios. John Piper tiene una frase muy conocida: «Dios es más glorificado en nosotros cuando estamos más satisfechos en Él».[2]

Podemos volver al relato y ver que María estaba sentada a los pies del Señor. Cuando le dijo a Marta que solo una cosa es necesaria, no se estaba refiriendo a que pasemos los días encerrados orando y leyendo la Biblia, aunque son maneras de disfrutar del Señor. Estaba dando a entender que debemos adoptar la postura del corazón de María, uno que esté a los pies de Jesús en todo momento. Mientras estamos trabajando, estudiando, manejando, ejercitándonos o simplemente viviendo, nuestros corazones deben permanecer en una postura de contemplación y deleite en Cristo Jesús. No pasamos todo el día orando, pero sí podemos contemplar la hermosura de Jesús todo el día. Se trata de una postura del corazón que hará más fácil glorificarlo con el resto de nuestras decisiones.

Encontramos placer y deleite en muchas cosas de esta vida, como el trabajo, el dinero, nuestra reputación o cosas incluso más nobles como la familia, hijos o amigos. No está mal disfrutarlas si es que lo hacemos sin que ninguna de ellas esté por sobre el Señor. Cada mañana, haz de tu disfrute de Dios tu mayor prioridad porque disfrutar de Él es glorificarlo. Una de las formas en que lo puedes hacer es admirando la creación de Dios. Él quiere que disfrutemos de sus obras aún en los detalles más pequeños porque aún allí se encuentra presente su gloria. Glorificamos a Dios cuando aprendemos a disfrutar de las cosas simples de la vida todo el día. Glorificar a Dios no es simplemente levantar las manos en la iglesia y decir: «¡Gloria a Dios!». Él recibe mayor gloria cuando lo honramos en los detalles peque-ños del día a día. Debemos esforzarnos porque nuestro estilo de vida se caracterice por glorificar a Dios porque el problema no es la falta de ganas do glorificarlo, sino olvidar hacerlo.

¿Cuál sería tu actitud si pudieras ver la gloria de Dios sobre tu vida, los ángeles del Señor acampando alrededor tuyo y la mano de Dios sobre ti todos los días? Tendrías mayor seguridad, menos miedo, harías todo primeramente para Él porque lo ves contigo, tendrías más fe y hasta te haría más eficiente y produc-tivo. La clave para vivir una vida de fe está en recordar de forma constante y consciente que el reino de Dios va siempre con nosotros. El reino de Dios va contigo cuando vas al trabajo, al supermercado o al gimnasio. Puedes demorarte un poco en acostumbrarte a esa realidad porque toma tiempo como todo hábito. Pero cuando seamos conscientes de que la presencia de Dios va con nosotros siempre, entonces nuestra fe alcanzará otro nivel y veremos a Dios moverse en nuestras vidas como nunca antes.

> La clave para vivir una vida de fe está en recordar de forma constante y consciente que el reino de Dios va siempre con nosotros.

Disfrutar a Dios con cada detalle y cada día trae gloria a su nombre. Él conoce cada circunstancia de nuestra vida y no las pasa por alto, sino que se compadece y nos brinda ayuda. No todas las circunstancias serán positivas y habrá algunas en donde deberemos disfrutar al Señor al glorificarlo en medio de las pruebas. Durante mi adolescencia hubo un tiempo en que no podía caminar por un problema en mi cadera. Soñaba con que llegara el día en que pudiera ir al baño sin impedimento o caminar hasta la cocina para tomar un vaso de agua. Cuando esos pequeños detalles nos faltan podemos recordar que caminar, correr, comer, ir al baño, ver, escuchar, hablar, leer, probar diferentes sabores y disfrutar los detalles pequeños de la vida son privilegios dados diariamente por Dios y son oportunidades para glorificarlo en todas esas cosas tan simples y cotidianas.

Si en este momento no puedes hacer algo de lo que acabo de mencionar y simplemente no sabes cuánto tiempo durará esa situación, aun así, tienes una de las mejores oportunidades para glorificar a Dios y disfrutar de Él. Como lo decía el apóstol Pablo:

Pues *esta* aflicción leve y pasajera nos produce un eterno peso de gloria que sobrepasa toda comparación, al no poner nuestra vista en las cosas que se ven, sino en las que no se ven. Porque las cosas que se ven son temporales, pero las que no se ven son eternas. (2 Corintios 4:17-18)

Todas las dificultades que experimentamos en esta tierra son leves y pasajeras (aunque muchas veces no se consideren así) cuando las comparamos con lo que es realmente valioso e importante. El contraste nos permite entender su brevedad. Por ejemplo, alguien puede pensar que es mucho caminar cinco kilómetros, hasta que le dicen que debe caminar quinientos kilómetros. Las tribulaciones en esta tierra son leves y pasajeras cuando comparamos la brevedad de esta vida con la eternidad. Mientras más entendemos la brevedad de esta vida, más vamos abrazando y contemplando el eterno peso de gloria que nos espera.

Para glorificar a Dios en todo lo que hacemos es esencial que primero disfrutemos de Dios en nuestro día a día. Nuestra mayor meta en la vida es disfrutar de Dios porque lo conocemos al disfrutarlo y al conocerlo tenemos la vida eterna. No obtenemos la vida eterna como resultado de hacer una oración breve una vez en la vida, sino al conocer la gloria de Dios y disfrutar de su hermosura todos los días de nuestras vidas.

Disfrutar de Dios es la mejor manera de glorificarlo porque fuimos creados para su gloria, pero no para hacerlo más glorioso, sino porque su gloria es todo lo que necesitamos. Hay una última e importante forma en la que podemos glorificar a Dios en nuestro día a día. Pablo presenta uno de los consejos más claros y poderosos sobre glorificar a Dios en todo lo que hacemos:

> Entonces, ya sea que coman, que beban, o que hagan cualquier otra cosa, háganlo todo para la gloria de Dios. (1 Corintios 10:31)

Aclaremos un par de puntos sobre este versículo. En primer lugar, Pablo es muy claro al mencionar «cualquier otra cosa», es decir, podemos hacer todo lo que hagamos en esta tierra para la gloria de Dios o para nuestra propia gloria. Incluso comer o tomar un vaso de agua. Me pregunto:

> **Las tribulaciones en esta tierra son leves y pasajeras cuando comparamos la brevedad de esta vida con la eternidad. Mientras más entendemos la brevedad de esta vida, más vamos abrazando y contemplando el eterno peso de gloria que nos espera.**

¿Cómo tomo un vaso de agua para la gloria de
Dios?

¿Cómo me cepillo los dientes para la gloria de Dios?

¿Cómo paseo al perro para la gloria de Dios?

¿Se puede glorificar realmente a Dios en cosas
tan ordinarias?

La respuesta es sí.

Sí podemos glorificar a Dios en todas las cosas. No obstante, debemos entender el contexto para el consejo de Pablo y cuál fue la razón para esa exhortación. Pablo estaba hablando sobre cómo responder a una invitación a comer donde ofrecían alimentos sacrificados a los ídolos:

Todo es lícito, pero no todo es de provecho. Todo es lícito, pero no todo edifica. Nadie busque su propio *bien*, sino el de su prójimo [...] Pero si alguien les dice: «Esto ha sido sacrificado a los ídolos», no *lo* coman, por causa del que *se* lo dijo, y por motivos de conciencia, PORQUE DEL SEÑOR ES LA TIERRA Y TODO LO QUE EN ELLA HAY. Quiero decir, no la conciencia de ustedes, sino la del otro. Pues ¿por qué ha de ser juzgada mi libertad por la conciencia ajena? (1 Corintios 10:23-29 énfasis añadido)

Pareciera que algunos hermanos de la iglesia de Corinto estaban comiendo alimentos sacrificados a los ídolos y esto estaba siendo de tropiezo para otros creyentes. Por eso Pablo dice después:

No sean motivo de tropiezo ni a judíos, ni a griegos, ni a la iglesia de Dios; así como también yo *procuro* agradar a todos en todo, no buscando mi propio beneficio, sino el de muchos, para que sean salvos (1 Corintios 10:32-33)

Si consideramos el contexto completo descubriremos que cuando Pablo dice que hagan todo para la gloria de Dios les estaba diciendo algo así: «Glorificar a Dios en todo lo que hago es buscar el bien de mi prójimo por sobre el mío». Jesús afirmó que el mandamiento más importante no solo es amar a Dios por sobre todas las cosas, sino también amar a nuestro prójimo como a nosotros mismos. Muchos están muy enfocados en amar a Dios, pero no aman a los que tienen al lado. La verdad es que no podemos decir que amamos a Dios si es que no amamos también a nuestro prójimo. Mostramos que amamos genuinamente a Dios cuando demostramos amor por nuestro prójimo. Juan utiliza las siguientes palabras:

> Glorificar a Dios en todo lo que hago es buscar el bien de mi prójimo por sobre el mío.

Si alguien dice: «Yo amo a Dios», pero aborrece a su hermano, es un mentiroso. Porque el que no ama a su hermano, a quien ha visto, no puede amar a Dios a quien no ha visto. (1 Juan 4:20)

El amor por los que me rodean es un reflejo de una fe genuina en Cristo Jesús. Mientras más amemos a los que están

> Mostramos que amamos genuinamente a Dios cuando demostramos amor por nuestro prójimo.

> Mientras más amemos a los que están a nuestro alrededor en nuestro día a día, más gloria traeremos al nombre de Dios.

a nuestro alrededor en nuestro día a día, más gloria traeremos al nombre de Dios. Una pregunta que deberíamos formularnos al decidir hacer algo sería: ¿cómo quedará el nombre de Dios frente a mi prójimo después que yo haga, diga, compre o coma esto? Esta reflexión nos llevará a ocupar un segundo lugar en oposición a todo lo que ordena la cultura contemporánea que dice: «Haz lo que sientes, di lo que quieras, cómprate lo que se te ocurra, sé lo que deseas y que nunca te importe lo que otros opinen o digan de ti, que no te interesen los demás».

Esa postura cultural también puede entrometerse en la iglesia y escuchar: «Persigue tus sueños sin importar lo que otros te digan, persigue tus metas por sobre todos los demás porque Dios está contigo». Sin embargo, ese tipo de pensamientos nos llevan a la cima pisando las cabezas de los que nos rodean. De esa forma no le daremos la gloria a Dios. Si por amor a Dios no estoy poniendo el bien de mi prójimo por encima del mío y la conciencia de mi prójimo por sobre la mía, entonces no importa cuánto afirmamos disfrutar de Dios, cuánto decimos orar, leer la Biblia, ir a la iglesia, ayunar y muchas otras cosas, porque no estaremos glorificando a Dios en nada de lo que soy y hago. Debemos amar tanto verticalmente como horizontalmente.

Una de las mejores maneras de tomar un vaso de agua para la gloria de Dios es pensar si un hermano también necesita uno y compartirlo con él. Seamos facilitadores de la imagen de Dios para que las personas puedan ver el amor y la compasión de

Dios reflejados en nosotros y conectarse más fácilmente con Él. El problema es que solemos ser todo lo contrario y la manera en que vivimos se convierte en un impedimento para que otros puedan ver y se acerquen a Dios. Las Escrituras enseñan que esto entristece y enoja al Señor.

La gente tiene que ver fácilmente a Jesús a través de nosotros. La manera en que vivimos debe reflejar la gloria de Dios y el mejor modo de lograrlo es amando a mi prójimo. La Biblia presenta una historia en la que Jesús echa fuera a los vendedores del templo y vuelca las mesas:

Llegaron a Jerusalén; y entrando Jesús en el templo, comenzó a echar fuera a los que vendían y compraban en el templo; volcó las mesas de los que cambiaban el dinero y los asientos de los que vendían las palomas, y no permitía que nadie transportara objeto

> Si por amor a Dios no estoy poniendo el bien de mi prójimo por encima del mío y la conciencia de mi prójimo por sobre la mía, entonces no importa cuánto afirmamos disfrutar de Dios, cuánto decimos orar, leer la Biblia, ir a la iglesia, ayunar y muchas otras cosas, porque no estaremos glorificando a Dios en nada de lo que soy y hago. Debemos amar tanto verticalmente como horizontalmente.

alguno a través del templo. Y les enseñaba, diciendo: «¿No está escrito: "MI CASA SERÁ LLAMADA CASA DE ORACIÓN PARA TODAS LAS NACIONES"? Pero ustedes la han hecho CUEVA DE LADRONES». Los principales sacerdotes y los escribas oyeron *esto* y buscaban cómo destruir a Jesús, pero le tenían miedo, pues toda la multitud estaba admirada de Su enseñanza (Marcos 11:15-18)

> Seamos facilitadores de la imagen de Dios para que las personas puedan ver el amor y la compasión de Dios reflejados en nosotros y conectarse más fácilmente con Él.

Esta historia es muy fuerte porque no solemos ver a Jesús enojado, hasta el punto de volcar las mesas de los vendedores y echarlos fuera del templo. Pero, ¿qué fue lo que enfadó tanto a Jesús? Al parecer le molestó que vendieran cosas en el templo porque se trata de un lugar sagrado. Eso es cierto, pero hay una razón muy profunda para la reacción de Jesús. Notemos que Jesús recuerda lo que Dios dijo por medio del profeta Isaías: «Mi casa será llamada casa de oración para todos los pueblos» (Isaías 56:7). El templo tenía tres secciones: Primero estaba la sección donde los hombres judíos podían adorar a Dios; luego la sección donde las mujeres podían adorar a Dios; finalmente, había una sección donde los extranjeros podían adorar a Dios.

Los estudiosos señalan que los israelitas pusieron sus mesas para la venta de animales y el cambio de dinero en la sección de los extranjeros, distrayendo e impidiendo que los extranjeros adoraran a Dios en el templo. Jesús se molestó tanto y volcó las mesas de los cambistas debido a que se aprovechaban de los extranjeros que venían con las monedas de sus países y debían cambiarlas por la moneda local. Es decir, se había creado un impedimento para que los extranjeros adoraran a Dios con libertad. Muchos extranjeros llegaban con la intención de adorar con fidelidad a Dios y terminaban siendo distraídos y engañados por los vendedores del templo.

Pero la casa del Señor es una casa de oración *para todas las naciones* y por eso los extranjeros y los inmigrantes están en el corazón de Dios y no se les debe impedir adorar al Señor.

Ya no hay un único templo físico al que las personas tengan que ir para adorar a Dios. Nosotros, los hijos e hijas de Dios, somos hoy el templo del Señor. Las personas pueden percibir a Dios a través de nuestras vidas. Los cristianos debemos preguntarnos:

¿Estoy siendo un puente entre las personas y Dios?

¿Mi vida, mis palabras, mis redes sociales y la manera en que vivo están siendo un impedimento para que la gente vea la gloria de Dios?

Esto tenía en mente el apóstol Pablo cuando dijo que todo lo que hiciéramos fuera para la

¿Estoy siendo un puente entre las personas y Dios? ¿Mi vida, mis palabras, mis redes sociales y la manera en que vivo están siendo un impedimento para que la gente vea la gloria de Dios?

gloria de Dios. Si lo hacemos así dejamos el nombre de Dios en alto y somos puentes de conexión para que las personas puedan ver al Señor y su amor a través de nuestras acciones. El apóstol Pedro nos recuerda con suma claridad quiénes somos y cuál es nuestra identidad en Cristo:

> La luz es una consecuencia de la combinación de oxígeno, calor y combustible. El oxígeno es Jesús. El calor es el Espíritu Santo. El combustible es un corazón dispuesto. Cuando entendemos quiénes somos para Dios, ser luz no es algo que hacemos, sino algo que somos.

Pero ustedes son linaje escogido, real sacerdocio, nación santa, pueblo *adquirido* para posesión *de Dios*, a fin de que anuncien las virtudes de Aquel que los llamó de las tinieblas a Su luz admirable. (1 Pedro 2:9 énfasis añadido)

Los hijos e hijas de Dios fuimos llamados a ser la luz del mundo y la sal de la tierra (Mateo 5:13-15). Nuestras vidas despiden esa luz que apunta a otros hacia Cristo, la verdadera luz. La luz es una consecuencia de la combinación de oxígeno, calor y combustible.

El oxígeno es Jesús.
El calor es el Espíritu Santo.
El combustible es un corazón dispuesto.

Cuando entendemos quiénes somos para Dios, ser luz no es algo que hacemos, sino algo que somos. Por eso el apóstol Pedro nos recuerda lo que somos al ser pueblo adquirido para Dios. Sin embargo, quisiera enfocarme en el conector «a fin de que». Todo lo que somos es para que anunciemos las virtudes de Aquel que nos transformó y nos dio vida eterna. Cuando Dios atrae a alguien hacia sí, Él espera que esa persona atraiga a otros también hacia Él. Por eso Pedro señala más adelante:

> Mantengan entre los gentiles una conducta irreprochable, a fin de que en aquello que les calumnian como malhechores, ellos, por razón de las buenas obras de ustedes, al considerarlas, glorifiquen a Dios en el día de la visitación. (1 Pedro 2:12)

Entiendo el día de la visitación como el momento en que el Espíritu Santo visita a alguien y lo convence de pecado para arrepentimiento. Nuestra manera de vivir debería ayudar a su arrepentimiento y no ser un obstáculo en ese día. Debemos evaluar si nuestro modo de vivir y hablar ayuda a las personas a glorificar a Dios o a renegar de Él. Si amo a mi prójimo como a mí mismo, entonces todo lo que hago empieza a ser para la gloria de Dios porque es glorificado cuando amamos lo que Él ama y el Señor ama a las personas.

Si queremos vivir glorificando a Dios, entonces debemos amar a Dios por sobre todas las cosas y amar a nuestros prójimos como a nosotros mismos. Sin amor es imposible vivir para la gloria de Dios. Pablo lo explica así:

> **Porque es glorificado cuando amamos lo que Él ama y el Señor ama a las personas.**

Si yo hablara lenguas humanas y angélicas, pero no tengo amor, he llegado a ser *como* metal que resuena o címbalo que retiñe. Y si tuviera *el don de* profecía, y entendiera todos los misterios y todo conocimiento, y si tuviera toda la fe como para trasladar montañas, pero no tengo amor, nada soy. Y si diera todos mis bienes para dar de comer *a los pobres*, y si entregara mi cuerpo para ser quemado, pero no tengo amor, de nada me aprovecha. (1 Corintios 13:1-3)

Suelo escuchar a muchos decir: «No siento a Dios, quiero sentir el amor de Dios, quiero experimentar su presencia, quiero sentir al Espíritu Santo». Sin embargo, creo que experimentamos más el amor de Dios cuando amamos a otros. Experimentamos más la presencia de Dios cuando estamos presentes para otros. Sentimos los abrazos de Dios cuando abrazamos a los demás. Recibimos cuando damos porque mejor es dar que recibir (Hechos 20:35). Experimentaremos la gloria de Dios cuando decidimos morir a nosotros mismos, dejando de buscar solo la satisfacción de nuestros deseos y buscando el bien de los demás. Sin embargo, al mismo tiempo, debemos analizar siempre las intenciones y motivaciones de nuestros corazones si queremos glorificar a Dios sirviendo a los demás porque, sin darnos cuenta, podríamos hablar del amor de Dios sin sentir su amor, abrazar a muchos sin amar y dar nuestras vidas por otros sin haberlo hecho nunca por amor. El apóstol Pablo dice:

Ahora bien, si sobre *este* fundamento alguien edifica con oro, plata, piedras preciosas, madera, heno, paja, la obra de cada uno se hará evidente; porque el día la dará a conocer, pues con fuego *será* revelada. El fuego mismo probará la calidad de la obra de cada uno. Si permanece la obra de alguien que ha edificado sobre el *fundamento*, recibirá recompensa. Si la obra de alguien es consumida *por el fuego*, sufrirá pérdida; sin embargo, él será salvo, aunque así como a través del fuego. (1 Corintios 3:12-15)

La motivación detrás de nuestro servicio, predicación y ayuda a los demás puede distorsionarse sin que nos demos cuenta. La advertencia del Señor es que todo acto de servicio que no tenga como fundamento el amor genuino será destruido por completo. Esto es tan serio que debemos preguntarnos:

> ¿Estoy predicando por amor a otros o por amor a mi imagen?
>
> ¿Quiero servir para ayudar o para ser visto?
>
> ¿Quiero un ministerio grande para impactar vidas o para ser conocido?
>
> ¿Quiero predicar para enseñar la Palabra de Dios o para que me aplaudan?
>
> ¿Ayudo a los necesitados por amor o para que otros me vean ayudar y así piensen que soy una buena persona?
>
> ¿Leo la Biblia y oro para parecer más espiritual o por deleite en el Señor?

Vivimos una época en donde todo se publica, filma y se busca mostrar a los cuatro vientos. Por eso podemos caer mucho más fácilmente en esta triste y peligrosa realidad de que todo lo que hagamos sea quemado en el día final. No se trata de cuánto haga, sino de la calidad y la pureza de lo que hago por Dios. Nuestras vidas pueden parecer glorificar a Dios en el exterior, pero en el fondo solo glorifican nuestra imagen más que al Señor. Si hay algo con lo que Dios es celoso, es con su gloria.

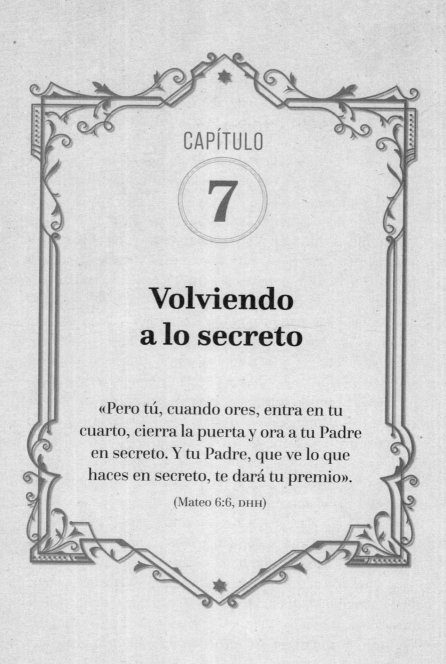

CAPÍTULO

7

Volviendo
a lo secreto

«Pero tú, cuando ores, entra en tu
cuarto, cierra la puerta y ora a tu Padre
en secreto. Y tu Padre, que ve lo que
haces en secreto, te dará tu premio».

(Mateo 6:6, DHH)

HAY MUCHOS TIPOS DISTINTOS de opiniones, estereotipos y maneras cuando se habla sobre tener intimidad con Dios. Sin embargo, considero que hemos perdido de vista el verdadero significado de tener intimidad con Dios.

La intimidad es sumamente importante para los humanos. La intimidad conyugal no es solo una profunda conexión de amor y placer, sino que también produce algo extraordinario, la vida misma. La intimidad es poderosa y podemos reconocerla en cualquier área de nuestra vida. Un músico o un deportista perfeccionan sus habilidades a través de horas de práctica en la intimidad.

Creo que la iglesia ha perdido el significado de la intimidad con Dios y la forma de conservarla. Por ejemplo, la mayoría de productos tienen en su etiqueta instrucciones acerca de su conservación: «manténgase en un lugar seco», «evite la exposición a temperaturas mayores de treinta y cinco grados» o «guárdese refrigerado». Esa información nos permite saber cómo tratar ese producto para que cumpla su propósito y logre su máximo potencial. Si naciéramos con una etiqueta, diría algo así: «Debe estar donde Dios está». Lastimosamente, no venimos con esa etiqueta, así que muchos pasamos la vida entera buscando ese lugar «ideal» para el cual fuimos creados.

La historia de Adán y Eva nos enseña que, debido al pecado, hemos perdido lo más sagrado y valioso que teníamos como creación: *la intimidad con Dios*. El pecado los expulsó del Edén, ese lugar ideal que Dios destinó para que los humanos habitaran con Él. Sin embargo, no podemos pasar por alto que, cuando el hombre y la mujer cayeron en pecado, Dios vino a buscarlos y le preguntó a Adán: «¿Dónde estás?». Es obvio que Dios sabía dónde estaban y no estaba preguntando: «¡Vaya, qué bien se esconden estos dos! No los puedo encontrar». La razón de la pregunta de Dios era para poner en evidencia la pérdida de la intimidad que tenían Dios y el hombre. Por lo tanto, desde ese momento Él empezó a desarrollar el plan más grande y espectacular de la historia: «Volviendo a la intimidad».

Es probable que sientas que te falta algo. Déjame decirte que ese vacío o cualquier cosa que sientas, como, por ejemplo, dudas, miedos o ataques, todo eso se disipa completamente cuando vuelves a Dios, cuando dejas que el Señor te haga regresar a ese lugar de intimidad y relación a su lado. Lo que tu alma está buscando, consciente o inconscientemente, no es dinero, amistades, seguidores en las redes sociales, alcohol, drogas o más fama. Tampoco es que Dios te use más o levante tu ministerio. Ser usado por Dios no es lo mismo que saber que te conoce. Lo que tu alma está buscando es volver a la intimidad con Dios, porque tú y yo fuimos creados para estar donde está Él.

Empecemos definiendo lo que no es intimidad porque considero que la distorsión de su verdadero significado es muy popular. Mi esposa y yo leemos la Biblia, tenemos un devocional, meditamos sobre lo que Dios nos dijo y oramos juntos todas las mañanas antes de empezar el día. Esto es muy importante para nuestro matrimonio y puede ser muy bueno, pero no es tener intimidad con Dios. Muchas personas dicen que van hablando con Dios de camino al trabajo y puede ser muy bueno, pero tampoco es tener intimidad con Él. Ir a un servicio o una reunión de oración en la iglesia es indispensable, pero tampoco es tener intimidad con nuestro Dios. La mejor manera de describir la verdadera intimidad con Dios es con las palabras mismas de Jesús:

Pero tú, cuando ores, entra en tu aposento, y cuando hayas cerrado la puerta, ora a tu Padre que está en secreto, y tu Padre, que ve en lo secreto, te recompensará (Mateo 6:6)

Siempre me llamó la atención la especificidad de Jesús cuando dice: «y cuando hayas cerrado la puerta». La palabra griega para «aposento» señala a un dispensario o depósito, una cámara en el piso bajo o interior de una casa en los tiempos de Jesús, la cual se usaba para almacenaje. Es imposible tener intimidad con Dios si no estamos en un lugar *a solas* y *sin distracción*. La vida de Jesús nos permite percatarnos de que se apartaba constantemente solo para orar y buscar a Dios: «Levantándose muy de mañana, cuando todavía estaba oscuro, Jesús salió y fue a un lugar solitario, y allí oraba» (Marcos 1:35). En ese lugar secreto donde solo están Dios y tú es donde se empieza a gestar la vida, donde el Espíritu Santo te revela los secretos del reino.

Hay un lugar secreto en la vida de cada gran hombre de Dios, donde busca al Señor. Charles H. Spurgeon, teólogo, erudito bíblico y pastor, conocido como «el príncipe de los predicadores», dijo:

¿Por qué algunos cristianos, aunque escuchan muchos sermones, avanzan lentamente en la vida divina? Porque descuidan sus armarios (o cuartos de oración) y no meditan atentamente en la Palabra de Dios. Aman el trigo, pero no lo muelen; quieren el grano, pero no salen a los campos a recogerlo; el fruto cuelga del árbol, pero no lo arrancarán; el agua fluye a sus pies, pero no se inclinan a beberla. De tal locura líbranos, oh Señor.[1]

La intimidad con Dios se da en ese lugar donde nuestras brújulas espirituales se calibran hacia el verdadero norte. La razón por la que hoy existe una generación que cree que la verdad es subjetiva y cualquier cosa que creas es una verdad es porque descuidamos ese lugar secreto donde el Espíritu Santo ajusta nuestro corazón a la verdad única y verdadera.

> La intimidad con Dios se da en ese lugar donde nuestras brújulas espirituales se calibran hacia el verdadero norte.

El Antiguo Testamento nos enseña que Moisés disfrutaba de una verdadera intimidad con Dios. «Y el Señor acostumbraba hablar con Moisés cara a cara, como habla un hombre con su amigo» (Éxodo 33:11). La frase «cara a cara» representa la máxima expresión de intimidad que podamos tener con Dios. Se usó ese término figuradamente para dar a entender que Dios tenía una amistad íntima con Moisés.

Tengo la convicción de que el único lugar donde realmente hallamos la plenitud es cuando estamos cara a cara con Dios, en ese lugar donde todo se detiene y por un momento experimentamos el peso de su gloria. He descubierto que aquellos que aman al Señor tienen un hambre y una sed insaciables de la gloria de Dios, un deseo inquebrantable por ir más y más profundo en el corazón de Dios. Por eso lamento que muchos que hoy dicen llamarse cristianos se conformen con ver el monte desde abajo, mientras que muy pocos se atreven a subir para encontrarse con la gloria de Dios.

Todos estamos buscando nuestro verdadero norte, esa luz que alumbre nuestros corazones y nos brinde claridad y propósito. Existen muchas maneras de descubrir el propósito de nuestra vida, quizás buscando descubrir en qué somos buenos o qué nos gusta hacer y muchas otras cosas. Sin embargo, donde realmente se te muestra mejor la razón de tu existencia es en el lugar secreto con Dios, donde solo están tú y Él.

En Ti está la fuente de la vida; en Tu luz vemos la luz.
(Salmos 39:7)

¡Qué hermosa confesión! En Cristo está la fuente de la vida y todos podemos acceder a ella. Es muy importante entender este pasaje porque se nos ofrecen muchas luces y direcciones, pero ninguna de ellas nos guía y muestra a Cristo, la verdadera luz. Solo en Él tenemos la verdadera luz.

¿Cuál es esa verdadera luz?
¡Que Cristo es la fuente de la vida!

Jesús es aquella verdadera brújula, la única que nos muestra el verdadero norte y sacia el corazón. Todo hijo e hija de Dios deseará pasar tiempo en intimidad y oración con el Señor.

Lucas nos habla de la oportunidad en que Jesús visitó a Marta y María (Lucas 10:38-42). Esta historia nos presenta dos posiciones que solemos asumir en la vida. Marta estaba preocupada de que todo estuviera bien y en orden. Ella se mantenía atareada con los preparativos, una palabra que es sinónimo de servicio. Marta estaba sirviendo a Jesús. Sin embargo, en esa misma casa estaba María, quien permanecía sentada a los pies de Cristo escuchando sus palabras. Marta vino molesta a quejarse a Jesús por la falta de ayuda de su hermana. Jesús respondió que solo una cosa era necesaria y que María había escogido la mejor. Finalmente, Jesús agrega una declaración que me encanta: «da cual no le será quitada».

Nadie puede quitarte tu intimidad con Dios. Nadie puede borrar tu experiencia personal y privada con Jesús. Necesitamos continuamente bajar el ritmo en nuestras vidas y solo escuchar al Señor en la intimidad. Aunque podemos hacer muchas cosas para Dios, nada se compara con buscarlo en lo secreto de nuestra intimidad. Quisiera que entiendas que la gloria de Dios es asequible a todos, su presencia está disponible para todos sus hijos e hijas. Sin embargo, debemos entender que la intimidad con Dios es intransferible. Nadie puede orar por ti y transferirte la bendición que solo se recibe en la intimidad personal con Dios.

> **Nadie puede borrar tu experiencia personal y privada con Jesús.**

Podremos descuidar muchas cosas, pero nunca nuestra vida de oración. Spurgeon dijo en una oportunidad: «Un alma sin oración es un alma sin Cristo».[2] La oración debe brotar de nuestro corazón. No importará cuánta teología estudiemos, las conferencias a las que hayamos asistido, cuántos libros cristianos leamos o cuánto sepamos de la Palabra de Dios si descuidamos nuestra vida de intimidad con Dios y tenemos el tanque espiritual vacío. La intimidad con Dios es donde el Espíritu Santo toma todas las verdades de Dios que

> **Sin embargo, debemos entender que la intimidad con Dios es intransferible. Nadie puede orar por ti y transferirte la bendición que solo se recibe en la intimidad personal con Dios.**

están en nuestra mente para fecundarlas en nuestro corazón y producir vida. Querer tener una vida espiritual sin una continua búsqueda de Dios en lo secreto es como tener un carro al que le compramos cientos de accesorios, detalles y mejoras, pero nunca le llenamos el tanque de combustible. Cristo no regresará a buscar personas que decían llamarse cristianos, tenían una Biblia en sus casas, asistían a una iglesia o incluso afirmaban que creían en Dios, sino que vendrá a buscar a sus «íntimos», a aquellos que Él conoce y lo conocen.

Lucas nos presenta una parábola en la que Jesús tiene como único propósito mostrar la urgencia de tener una vida de intimidad y oración y así enseñarles a sus discípulos que debían orar en todo tiempo y no desfallecer:

«Había en cierta ciudad un juez que ni temía a Dios ni respetaba a hombre alguno. También había en aquella ciudad una viuda, la cual venía a él *constantemente*, diciendo: "Hágame usted justicia de mi adversario". Por algún tiempo el juez no quiso, pero después dijo para sí: "Aunque ni temo a Dios, ni respeto a hombre alguno, sin embargo, porque esta viuda me molesta, le haré justicia; no sea que por venir continuamente me agote la paciencia"». El Señor dijo: «Escuchen lo que dijo el juez injusto. ¿Y no hará Dios justicia a Sus escogidos, que claman a Él día y noche? ¿Se tardará mucho en responderles? Les digo que pronto les hará justicia. No obstante, cuando el Hijo del Hombre venga, ¿hallará fe en la tierra?». (Lucas 18:2-8)

Una de las partes más impactantes de este pasaje es cuando, al final, Jesús se pregunta si a su regreso hallará fe en la tierra. Es obvio que Jesús no se refiere a si habría personas que creyeran en Dios o se identificaran con una religión porque hay millones

de individuos así. Nota que su pregunta vino después de enseñarnos sobre orar en todo tiempo, es decir, mantenernos en una
constante búsqueda de Dios en lo secreto, teniendo una vida de
oración día y noche. Como podrás notar, la intimidad con Dios
es mucho más que presentarle nuestras peticiones. Más bien
se trata de un regreso al lugar original e ideal en el que el Señor
tenía la intención que estuviéramos cuando nos creó, un lugar
en el que volvemos a entrelazar nuestro corazón con el Suyo.

Si queremos conocer a Dios, ser usados por Él, experimentar
su gloria y hablarle cara a cara, debemos hacernos una pregunta
que Dios me hizo una vez a mí:

¿Qué tanto estás dispuesto a buscarme para conocerme más?

No se trata de cantidad, sino de calidad. Esto es muy cierto
porque Dios no escucha una oración por encima de otra por el
número de palabras o el tiempo empleado. Sin embargo, sucede algo especial cuando decidimos permanecer en lo secreto y
buscarlo por un tiempo prolongado. No es lo mismo ayunar por
un día que hacerlo por cuarenta días. No recibiremos mayor
recompensa porque Dios ve que nos costó más, sino porque
en un tiempo más prolongado es posible que mueras mucho
más a tu carne y a tu naturaleza pecaminosa. Las Escrituras
nos muestran múltiples oportunidades en que los hombres de
Dios se apartaban por largos períodos de tiempo para buscar
al Señor y estar con Él. El problema surge cuando la meta es
la cantidad porque queremos sorprender a Dios y no porque
deseamos pasar más tiempo con Él para conocerlo y disfrutarlo
más. Vuelvo a repetir que siempre debemos examinar la motivación personal detrás de cada práctica espiritual. Si buscamos al
Señor con un corazón genuino, humilde y con el fin de conocerlo, entonces experimentaremos como nunca antes su presencia

y su corazón. La intimidad con Dios es tan importante porque es el lugar donde venceremos todas nuestras batallas.

La razón por la que no vemos más personas rendidas por completo a Jesús, comprometidas con una vida de intimidad y apasionadas por la gloria de Dios es porque se les ha enseñado un evangelio diluido convertido en humanismo. La prioridad ya no es Dios, sino ellos mismos. Ya no buscan disfrutar de Dios y darle gloria, sino que se preguntan:

> ¿Qué beneficio puedo obtener para mi vida a
>   partir de la oración?
> ¿Qué beneficio me reportará leer la Biblia?
> ¿Qué iglesia me gusta más?

Los cristianos que se hacen esas preguntas se han acomodado a una espiritualidad pasiva. ¿Cuándo fue que seguir a Jesús se volvió un punto más de la lista de nuestra vida? Seguir a Jesús es la lista entera. Buscar a Jesús en intimidad y servirle no es una opción, sino una obligación.

> ¿Cuándo fue que seguir a Jesús se volvió un punto más de la lista de nuestra vida?

La intimidad con Dios requiere de un lugar físico en dónde retirarnos para leer la Biblia y orar. Esas prácticas son muy esenciales en la intimidad con Dios. Sin embargo, como sucede con los cónyuges durante las relaciones sexuales, ellos pueden tenerlas sin que nunca haya verdadera intimidad que se manifiesta a través del establecimiento de un fuerte vínculo emocional. Por eso las relaciones íntimas dentro del matrimonio deben estar llenas de amor, conocimiento mutuo, decisión y devoción. El sexo debe ser un resultado del amor y no un fin en sí mismo.

La reflexión anterior podemos aplicarla a nuestra relación con Dios. La intimidad con Él va más allá de encerrarse a leer y hablar. Por el contrario, se trata de permanecer en su presencia y contemplarlo. Es muy importante que examinemos nuevamente el significado de la palabra «contemplar». Ya he dicho que «contemplar» significa «observar con atención, interés y detenimiento una realidad», especialmente cuando es tranquila, placentera y requiere de quietud. Esta vida tan acelerada nos hace perder de vista la cultura de la contemplación. Muchos ven una misma obra de arte, pero pocos la contemplan y descubren su profundidad y belleza. Cuando contemplamos a Dios es que empezamos a conocer sus atributos y tenemos mucho más amor por Él. Esto solo puede darse en el ámbito de la intimidad, en un lugar de tranquilidad contemplativa. El silencio es el lenguaje de la contemplación. Aprender a guardar silencio delante de Dios es tan importante como aprender a orar: «Estén quietos, y sepan que Yo soy Dios» (Salmos 46:10a).

Una vida de oración va más allá de una oración breve al despertar y otra antes de dormir; una vida de oración es una conciencia continua de la mente y el corazón de la presencia de Jesús con nosotros. Tengo la convicción de que a esto se refiere Pablo cuando dice que oremos sin cesar.

> Una vida de oración es una conciencia continua de la mente y el corazón de la presencia de Jesús con nosotros.

Estén siempre gozosos.
Oren sin cesar.

Den gracias en todo, porque esta es la voluntad
de Dios para ustedes en Cristo Jesús.
(1 Tesalonicenses 5:16-18)

La intimidad con Dios transformará no solamente nuestra vida de oración por completo, sino la integridad de nuestra existencia. En la intimidad con Jesús es donde nos unimos a Él y nuestro corazón se rinde ante el suyo. Tener intimidad con Dios significa conocer su corazón a través de la meditación profunda en la revelación de la Palabra por medio del Espíritu Santo. También significa mostrar una completa desnudez y transparencia de nuestros corazones delante de Él para darnos a conocer por completo.

La intimidad con Dios debe ser nuestra disciplina diaria más grande e importante. No debemos olvidar que así como nuestros pulmones necesitan oxígeno para mantenernos con vida, así también nuestros espíritus necesitan tiempo de intimidad y devoción en lo secreto con Dios para permanecer vivos. Si pudiéramos ver lo que sucede en el mundo espiritual cuando un hijo y una hija de Dios se encierran en su cuarto a buscar al Señor, pasaríamos la mayor parte de nuestro tiempo en ese lugar secreto.

Toma la decisión de hacer de la intimidad una prioridad. Es posible que haya días en que no tendrás ganas, momentos de

> Si pudiéramos ver lo que sucede en el mundo espiritual cuando un hijo y una hija de Dios se encierran en su cuarto a buscar al Señor, pasaríamos la mayor parte de nuestro tiempo en ese lugar secreto.

debilidad o solo cansancio, pero el simple hecho de tomar la decisión de levantarte, entrar a tu lugar secreto y cerrar la puerta para buscar a Dios, ya te garantiza la victoria. No esperes a que tu carne tenga ganas de orar, leer la Biblia y ayunar, porque es muy probable que nunca llegue ese día. Tu carne no desea a Dios, sino el pecado. Debemos someter nuestra carne y buscar al Señor. Con esfuerzo ese tiempo de intimidad pasará de ser una disciplina a convertirse en un deleite, de ser un deber a volverse un placer. Cuando llegues al cielo, nunca te arrepentirás por el tiempo invertido en la intimidad con Dios aquí en la tierra.

> Cuando llegues al cielo, nunca te arrepentirás por el tiempo invertido en la intimidad con Dios aquí en la tierra.

CAPÍTULO

8

El mayor enemigo del lugar secreto

«¡Estén alerta! Cuídense de su gran
enemigo, el diablo, porque anda
al acecho como un león rugiente,
buscando a quién devorar».

(1 Pedro 5:8, NTV)

SUENA BONITO Y HASTA fácil hablar de tener intimidad con Dios, pero llevarlo a la práctica puede tomar muchos años. El enemigo se opone día y noche, pero no para impedir que vayas a la iglesia, no escuches música cristiana, no leas libros cristianos o no asistas a conferencias cristianas, sino que se esmera con todas sus fuerzas para que no tengas tu tiempo de intimidad con Dios. El diablo le teme a un hijo o una hija de Dios que tiene una relación íntima con el Padre y por eso busca todas las maneras posibles para que no tengas ese tiempo de oración y búsqueda de Dios. La distracción es una de las armas que el enemigo usa para matar la intimidad con Dios de generaciones enteras.

Nuestra generación mantiene una cantidad exagerada de información y distracciones al alcance de las manos. La gran excusa para pasar tanto tiempo en esas distracciones es: «Pero yo no estoy cometiendo ningún pecado grave». Sin embargo, no te das cuenta de que la «zorra pequeña» de la distracción te está robando la vida y lo más importante, tu intimidad con Dios. Según un informe del sitio de comparación móvil *WhistleOut*, el estadounidense promedio pasará casi nueve años de su vida sumido en su teléfono. Los miembros de la generación Y o del milenio pasan la mayor parte del tiempo ensimismados

> **La distracción es una de las armas que el enemigo usa para matar la intimidad con Dios de generaciones enteras.**

en sus teléfonos, dedicando alrededor de 3,7 horas del día a mirar sus pantallas según el estudio. La generación X pasa alrededor de tres horas al día en sus teléfonos, mientras que los *baby boomers* les dedican alrededor de 2,5 horas diarias.[1]

¡Nueve años de nuestra vida absortos frente a una pantalla! Deberían asustarnos y despertarnos esas estadísticas. ¡Cuántas palabras, visiones, sueños, proyectos y revelaciones de Dios podemos perdernos en nueve años! Una de las últimas reco-mendaciones de Jesús a sus dis-cípulos fue: «Velen y oren» (Mateo 26:41). Jesús glorificado también extiende la misma exhortación a la iglesia de Sardis en el libro de Apocalipsis: «Por tanto, si no velas, vendré como ladrón, y no sabrás a qué hora vendré sobre ti» (Apocalipsis 3:3). La palabra «velar» significa mantenerse despierto, alerta y permanecer vigilante. Una advertencia pertinente para nosotros hoy porque más que nunca debemos estar alertas y rechazar las artimañas del enemigo.

> ¡Cuántas palabras, visiones, sueños, proyectos y revelaciones de Dios podemos perdernos en nueve años!

Si el enemigo no puede destruirte, va a distraerte. Dios demanda tu atención porque desea demostrarte su amor, perdón, salvación y cómo usarte para transformar esta tierra. Por el con-trario, el diablo la quiere para evitar que tengas comunión con Dios. Vivimos rodeados de nar-cóticos espirituales. Un narcótico es una sustancia medicinal que, por definición, provoca sueño o

> Si el enemigo no puede destruirte, va a distraerte.

estupor e inhibe la transmisión de las señales nerviosas, en particular las asociadas al dolor. El abuso de la tecnología, los placeres y los entretenimientos son como narcóticos porque inhiben la habilidad de sentir o percibir lo que dice Dios.

¿Sabes por qué no tienes una vida de oración constante? Porque no estás velando. Jesús dijo: «Velen y oren», no: «Oren y velen». Para orar debemos estar velando, es decir, despiertos, atentos, alertas y vigilantes. Para tener una vida de oración constante lo único que necesitas es eliminar tantas distracciones. ¡Es tan simple como eso! Muchas personas creen que la intimidad con Dios es automática y que basta solo con ser cristianos y asistir a una iglesia. Además, algunos se engañan creyendo que un pequeño devocional, una oración breve de camino al trabajo o escuchar una prédica pueden ser el alimento espiritual necesario. Podría decir que esos son buenos suplementos a nuestras dietas, pero la verdadera comida espiritual nutritiva es nuestro tiempo de intimidad con Dios a puerta cerrada.

La historia de Daniel es uno de los ejemplos más espectaculares de lo que significa vivir una vida de completa rendición e intimidad con Dios. Ciento veinte sátrapas (gobernadores) del rey Darío eran dirigidos por tres funcionarios, uno de ellos era Daniel. Daniel sobresalía entre todos ellos porque en él había un espíritu «extraordinario» (Daniel 5:12). La palabra hebrea para «extraordinario» se puede traducir como «superior, preeminente, sublime». Tengo la convicción de que ese espíritu extraordinario se deriva de la intimidad de Daniel con Dios, pues Jesucristo dijo que Él recompensa a los que lo buscan en lo secreto (Mateo 6:6).

El relato bíblico señala que estos funcionarios empezaron a buscar motivos para acusar a Daniel, pero no encontraban nada porque era fiel y no había corrupción en él (Daniel 6:4). Se puede ver y hasta sentir cuando alguien tiene intimidad con Dios. Se nota en su actitud, carácter, trabajo, labores, es decir, en su día a día. Estos hombres convencieron al rey de que promulgara un edicto que ordenara que toda persona solo debía orar al rey Darío y a ningún otro dios por treinta días. Lo hicieron para acusar a Daniel para encontrar el único motivo para acusarlo:

¡Su tiempo de intimidad con Dios!

Los demonios son los funcionarios actuales del príncipe *de* este mundo que inventan cosas para que no busquemos a Dios. El diablo sabe lo poderoso que es un hijo de Dios que ora y busca a su Padre en la intimidad. Sabe que Dios usará a su hijo o hija que le glorifica buscándolo día tras día para el avance de su reino. Ahora llega la parte más emocionante:

> Cuando alguien tiene intimidad con Dios. Se nota en su actitud, carácter, trabajo, labores, es decir, en su día a día.

Cuando Daniel supo que había sido firmado el documento, entró en su casa (en su aposento superior tenía ventanas abiertas en dirección a Jerusalén), y como solía hacerlo antes, continuó arrodillándose tres veces al día, orando y dando gracias delante de su Dios. (Daniel 6:10)

Me llamó la atención que Daniel no se puso a llorar, se desesperó o le suplicó al rey al enterarse del edicto, sino que fue directo a su cuarto de oración. Nosotros solemos hacer todo al revés de lo que hizo Daniel. Primero tratamos de solucionar el problema de todas las formas humanas posibles. Solo empezamos a orar cuando ya lo tratamos todo.

Si queremos glorificar a Dios no hay nada que lo haga más que acudir a su presencia apenas tengamos la oportunidad.

También es interesante notar que el primer paso de Daniel fue ir a su cuarto de oración porque «como solía hacerlo antes, continuó arrodillándose» (Daniel 6:10). Esta es la clave para una vida de oración y de intimidad que glorifica a Dios:

> Daniel pudo acudir a Dios apenas se enteró de la situación debido a que ya era normal en su vida tener establecido un tiempo de oración con el Señor. Ya tenía el hábito de buscarlo y acudir a Él.

Esta frase de Craig Groeschel es genial: «Las personas exitosas hacen constantemente aquello que otros hacen en ocasiones».[2] Cuando tu intimidad con Dios ya es una prioridad establecida de antemano en tu vida, no tendrás interrupciones en tu tiempo con Dios y serás constante aun en medio de la prueba y la tentación. Pedro dice: «Sean *de espíritu* sobrio, estén alerta. Su adversario, el diablo, anda *al acecho* como león rugiente, buscando a quien devorar» (1 Pedro 5:8). La palabra griega que se traduce como «sobrio» significa literalmente «abstenerse de vino, ser discreto, sobrio, velar». Algunas versiones bíblicas hablan de ser de mente sobria, de tener pensamientos sobrios. No se necesita solo

> Cuando tu intimidad con Dios ya es una prioridad establecida de antemano en tu vida, no tendrás interrupciones en tu tiempo con Dios y serás constante aun en medio de la prueba y la tentación.

alcohol para que la mente pierda su sobriedad, una embriaguez mental la produce todo aquello que ocupe nuestros pensamientos, nuestra atención y nuestra energía más que la Palabra de Dios.

Creo firmemente que las redes sociales son la causa número uno de embriaguez mental en nuestra generación. La RAE define la embriaguez como la perturbación pasajera producida por la ingestión excesiva de bebidas alcohólicas, exaltación y enajenación del ánimo. Esa definición me permite darme cuenta de que las distracciones producen esa misma perturbación mental pasajera en nuestras mentes. Por eso solemos dormirnos, aburrirnos o no podemos enfocarnos cuando queremos orar o leer la Biblia y simplemente terminamos rindiéndonos. Hasta hacer una simple oración cuesta porque nuestra mente está yendo mucho más rápido de lo que debería ir. Pedro nos vuelve a advertir: «Pero el fin de todas las cosas se acerca. Sean pues ustedes prudentes y de *espíritu* sobrio para la oración» (1 Pedro 4:7). Necesitamos sobriedad porque es imposible llevar una vida de oración con una mente embriagada. Así como una persona embriagada no puede caminar en línea recta, tampoco podemos orar

> Todo aquello que ocupe nuestros pensamientos, nuestra atención y nuestra energía más que la Palabra de Dios.

> Una mente embriagada es lo que impide a muchos establecer una vida de oración, no la falta de amor a Dios o de motivación.

cuando nuestra mente esta enajenada con distracciones, corrientes perversas, ideologías contrarias y la cultura de este mundo. Una mente embriagada es lo que impide a muchos establecer una vida de oración, no la falta de amor a Dios o de motivación.

Es evidente que enfrentaremos muchos enemigos a la hora de buscar a Dios, pero la mayoría de esas batallas se darán en la mente. Por eso Pedro le recuerda a la iglesia que mantengan una mente y un espíritu sobrios. Pablo también lo entendió y dijo:

Pues aunque andamos en la carne, no militamos según la carne; porque las armas de nuestra milicia no son carnales, sino poderosas en Dios para la destrucción de fortalezas, derribando argumentos y toda altivez que se levanta contra el conocimiento de Dios, y llevando cautivo todo pensamiento a la obediencia a Cristo. (2 Corintios 10:3-5, RVR1960)

No debemos enfrentarnos a nuestros problemas con armas equivocadas estrategias físicas y carnales cuando nuestra guerra no es contra carne ni sangre, sino contra potestades y huestes del mundo espiritual (Efesios 6:12). Lo primero que debemos hacer es tener cuidado de lo que dejamos entrar en nuestra mente, porque traerá problemas y luego no entenderemos por qué los enfrentamos. Una fortaleza física se construye un ladrillo a la vez y una fortaleza mental se levanta un pensamiento a la vez. Le damos gracias a Dios porque nos ha dado poder para destruir fortalezas, derribar argumentos y deshacernos de toda embriaguez mental. La palabra «argumento» se define en la RAE como razonamiento para probar o demostrar una proposición, o para convencer de lo que se afirma o se niega. Eso es lo que el enemigo quiere hacer día y noche en nuestras mentes al argumentar en contra de las verdades de Dios para convencernos de lo contrario a lo que afirma la Palabra de Dios. Caeremos frente a esos argumentos si no estamos llenos de la Palabra de Dios y desconocemos la verdad.

El enemigo quiere convencerte para muerte, mientras que el Espíritu Santo quiere convencerte para vida. Sin embargo, si no atesoramos la Palabra de Dios en nuestro interior, ¿cómo el Espíritu Santo nos recordará la verdad? El Espíritu Santo simplemente nos «recuerda» lo que Dios ya ha dicho. Jesús declaró: «Estas cosas les he dicho estando con ustedes. Pero el Consolador, el Espíritu Santo, a quien el Padre enviará en Mi nombre, Él les enseñará todas las cosas, y les recordará todo lo que les he dicho» (Juan 14:25-27).

Resulta interesante que las palabras de Pablo también afirman que estos argumentos y razonamientos altivos se levantan «contra el conocimiento de Dios». Esto solo confirma que el diablo siempre buscará distorsionar la imagen y el conocimiento que tenemos de Dios porque una idea distorsionada de Dios hará mucho más difícil adorarlo, servirle y establecer un tiempo de intimidad con Él. Lo más terrible es que al tener una idea distorsionada de Dios ya no estamos pensando en el Dios verdadero, sino en un ídolo creado en nuestra mente. Los que no son creyentes que dicen no creer en Dios demuestran que su problema no es Dios, sino la imagen equivocada que tienen de Él. Por eso se preguntan: «¿Por qué un Dios de amor permite tanta maldad?», «¿Por qué un Dios tan misericordioso no sanó a mi mamá?», «¿Por qué

> Una idea distorsionada de Dios hará mucho más difícil adorarlo, servirle y establecer un tiempo de intimidad con Él.

un Dios tan bueno permite que niños mueran de hambre?», «¿Por qué Dios no elimina todo el mal del mundo?». Todas estas preguntas son generadas por un concepto erróneo de Dios y una imagen distorsionada de la verdad. El apóstol Pablo diría que son argumentos y razonamientos altivos contra el conocimiento de Dios.

Es de vital importancia tener una mente sobria para entender la verdad, conocer a Dios, mantenernos alertas y huir del enemigo. La Biblia nos advierte que debemos estar alertas contra los ataques del enemigo porque este tiende a atacar silenciosamente y sin darnos cuenta ya lo tenemos encima de nosotros. El enemigo no te deja descubrir de dónde viene su ataque, sino que busca su camino hasta nuestra mente de forma sutil y silenciosa para acabar con la esperanza que Dios ha puesto en nosotros, la esperanza de gloria. Pero tenemos buenas noticias. Dios nos dio su Espíritu Santo para que nos ayude a mantenernos alertas y sensibles y, mientras más cercana sea nuestra relación con el Espíritu Santo, más escucharemos su voz para huir de la tentación y luchar contra el ataque del enemigo.

Tengo que reiterar que debemos tener cuidado con los pensamientos que dejamos entrar en nuestra mente y lo que hacemos con ellos. El descuido nos hace albergar e incubar pensamientos dañinos que hacen que nuestra mente se llene de ideas que van en contra de la voluntad de Dios. Conocemos la frase popular que dice: «No puedes evitar que un pájaro vuele sobre tu cabeza, pero puedes evitar que haga un nido en ella». Eso mismo sucede con los pensamientos del enemigo cuando los dejamos incubar en nuestra mente y un día se convierten en una fortaleza. El profeta Isaías usa la siguiente ilustración: «Incuban huevos de áspides y tejen telas de araña; el que come de sus huevos muere, y del que es aplastado sale una víbora» (Isaías 59:5). Las mentiras de Satanás son como huevos de serpientes plantados en nuestra mente, pero somos nosotros los que decidimos incubarlos o rechazarlos al llevar cautivo todo pensamiento a la obediencia a Cristo.

Empecé a escribir este libro cuando todavía mi esposa y yo no éramos padres, pero ahora que tenemos un hijo puedo decir que no hay nada que me cause más placer y alegría al corazón que cuando mi niño percibe, conoce y disfruta mi amor por él. Creo que Dios también se complace cuando su hijo o hija disfrutan de su gloria y lo conocen en la intimidad. Mi hijo puede traerme trofeos, victorias, buenas notas y hasta una vida intachable, pero no hay nada más hermoso que verlo sonreírme y disfrutar de mi compañía. Sin embargo, una mente llena de distracciones, contenido inadecuado, entretenimiento y pecado no permite establecer una vida de intimidad. Una mente liberada y en calma es clave para tener una vida de intimidad con Dios. Solemos complicarnos mucho para demostrarle nuestro amor a Dios, cuando lo único que Él busca es un corazón que disfrute de su presencia. Te animo a que la mayor prioridad de tu vida sea tener intimidad con Dios. Aunque gozamos de la ayuda del Señor, somos nosotros los que debemos levantarnos y decidir establecer una vida de devoción a Dios.

Comprenderemos lo esencial de la intimidad con Dios para nuestro espíritu cuando nuestras decisiones y acciones son mucho más intencionales en esa área. Así como hemos entendido que es indispensable la comida y el agua para nuestro cuerpo, así también debemos saber que la intimidad con Dios no es simplemente una orden o una sugerencia para ser mejores cristianos, sino que es indispensable para gozar la vida eterna. Si no intimamos con Dios, ¿cómo lo conoceremos? Si no conocemos a Dios, ¿cómo seremos salvos? La vida eterna es conocer a Dios.

Si quieres vivir para la gloria de Dios, el punto de partida es una vida de intimidad con Él. En términos prácticos, determina un lugar específico, establece una hora y haz el compromiso de estar a diario con el Señor. Habrá días en que no tendrás nada que decir en oración o no tendrás deseos de leer la Biblia porque te sientes cansado, desanimado o triste. Esos días oscuros es cuando más debes permanecer en el lugar secreto pidiéndole al Espíritu Santo que te conceda un hambre y sed por su presencia que vaya en aumento. Acudimos al Padre en la intimidad aún en medio del dolor y la dificultad porque siempre encontraremos un gozo nuevo y renovaremos la esperanza inconmovible. Es posible que no siempre la oración cambie nuestras circunstancias, pero siempre nos cambiará a nosotros. Incluso si no son quitados ese dolor, problema o «aguijón en la carne» (como decía el apóstol Pablo), Dios será glorificado en nuestras vidas y podremos experimentar esperanza en medio del dolor. De esto hablaremos en el próximo capítulo.

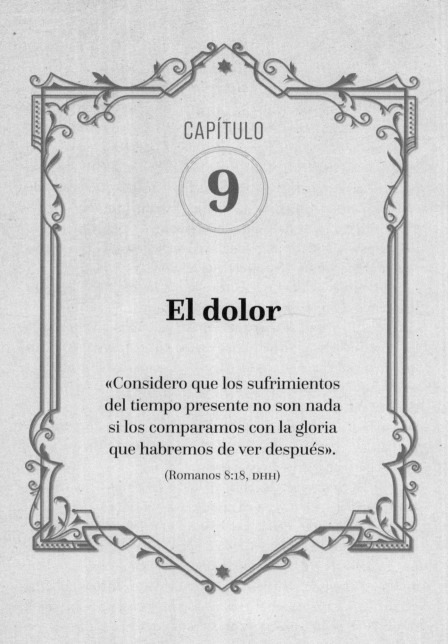

CAPÍTULO

9

El dolor

«Considero que los sufrimientos
del tiempo presente no son nada
si los comparamos con la gloria
que habremos de ver después».

(Romanos 8:18, DHH)

ES PROBABLE QUE NUNCA pensemos que existe una conexión entre el sufrimiento y la gloria de Dios o entre el sufrimiento y la esperanza. Los sufrimientos, enfermedades, dolores, pérdidas o duelos producen todo menos esperanza. El sufrimiento ha sido una gran incógnita para la humanidad de todos los tiempos. Incluso muchos se han alejado de Dios o negado su existencia por la presencia del sufrimiento en esta tierra. En este capítulo estaremos viendo que uno de los factores que tiene más conexión con la gloria de Dios y una esperanza inconmovible es el dolor, el duelo y el sufrimiento.

Los sucesos injustos, dolorosos o desagradables siempre hacen que algunos miren hacia arriba y pregunten: «Dios, ¿por qué permites esto?». Otros terminan culpando a Dios por lo malo que ocurre, pero lo irónico es que no le atribuimos a Dios todo lo bueno que nos pasa. La realidad es que nadie está esperando sufrir, recibir una mala noticia o un resultado médico inesperado. Pero estas cosas tocan nuestras puertas sin pedirlo. Sabemos que se hace muy difícil sentir a Dios cuando atravesamos dificultades, aunque la realidad es que en esos momentos Él está aún más cerca de nosotros.

C. S. Lewis escribió sobre el dolor: «Dios nos susurra en nuestros placeres, nos habla en nuestra conciencia, pero grita en nuestros dolores. El dolor es su megáfono para despertar a un mundo sordo».[1] El dolor, la enfermedad y el sufrimiento tienen una manera de hablarnos y nos enseñan lo que no pudiéramos aprender de ninguna otra forma. Uno solo aprende realmente cuando atraviesa por las experiencias, como cuando sentimos el dolor de despedir a un hijo la primera vez que va a la escuela o el vacío que deja cuando parte para la universidad. Sin embargo, somos moldeados y nos hacemos más fuertes cuando pasamos por esas experiencias desagradables e incómodas.

También experimentaremos dolores o sufrimientos que no tendrán respuesta o solución. Eso está bien porque habrá ocasiones en que es necesario no tener una respuesta. Hay desgracias cuya razón jamás entenderemos, pero al permitirnos abrazar el dolor, llorar y lamentar, entonces el amor y los brazos de Dios se vuelven una respuesta y una roca firme donde podemos descansar. El patriarca Job pierde absolutamente todo, incluyendo sus hijos y su salud, en los primeros dos capítulos de su libro. Todo el resto del libro trata de como él y sus tres amigos buscan explicar esas desgracias. Lo que más me sorprende es que Dios nunca le explica el porqué de su sufrimiento, pero Él si apunta toda la atención de Job a la gloria de Dios. Le empieza a describir su grandeza, poder y que es el Creador de todo lo que existe. En otras palabras, le revela Su gloria porque cuando no hay una respuesta a nuestro sufrimiento terrenal, la respuesta siempre será Dios mismo.

Cuando el dolor y sufrimiento es experimentado por alguien cercano, lo mejor que podemos hacer es simplemente estar cerca de ellos y sin tratar de encontrar una razón a sus problemas. Los cristianos solemos intentar ayudar a amigos o familiares que pasan por dolor con frases que suenan bíblicas, pero en realidad lo único que ellos necesitan es a alguien que llore junto a ellos y no a un intérprete de su sufrimiento. Llegará el momento de hablar, pero todo tiene su tiempo.

> Cuando no hay una respuesta a nuestro sufrimiento terrenal, la respuesta siempre será Dios mismo.

Cuando Jesús estaba en la cruz a punto de morir, débil y sin fuerzas, hace una pregunta muy conmovedora: «Y alrededor de la hora novena, Jesús exclamó a gran voz, diciendo: "Elí, Elí, ¿lema sabactani?". Esto es: "Dios Mío, Dios Mío, ¿por qué me has abandonado?"» (Mateo 27:46). Jesús estaba atravesando por un momento de inmensa agonía y le pregunta a Dios por qué lo ha abandonado. Sin embargo, no hay respuesta de Dios, ningún ángel aparece con un mensaje del cielo, ni tampoco se escuchó voz alguna del cielo. Todos quisiéramos preguntar en momentos de dolor: «¿Dónde estás Dios? ¿Por qué no salvaste a mi hijo? ¿Por qué no se sanó mi mamá? ¿Por qué no llegaste más temprano? ¿Dónde estabas cuando me hicieron eso?». Los que escuchamos estas preguntas del doliente debemos estar cerca para llorar junto a la persona, abrazarla y permanecer a su lado, asegurándole que, aunque no tengamos respuesta como Jesús, Dios no lo desamparará ni lo dejará. Además le aseguraremos que tenemos un Rey que puede compadecerse de nuestras debilidades y que siente lo que sentimos cuando no hay respuestas.

> Porque no tenemos un Sumo Sacerdote que no pueda compadecerse de nuestras flaquezas, sino Uno que ha sido tentado en todo como *nosotros, pero* sin pecado. (Hebreos 4:15)

La primera vez que aparece en la Biblia la palabra «dolor» es en el libro de Génesis. Dios le dice a la mujer: «En gran manera multiplicaré tu dolor en el parto, con dolor darás a luz los hijos. Con todo, tu deseo será para tu marido, y él tendrá dominio sobre ti» (Génesis 3:16). La consecuencia de la desobediencia de la mujer sería la multiplicación del dolor durante el parto. Aunque no está documentado, considero que la primera vez que Adán y Eva experimentaron dolor y miedo fue cuando se escondieron de Dios en el huerto del Edén. Dios le preguntó a Adán: «¿Quién te ha hecho saber que estabas desnudo?» (Génesis 3:11). La respuesta de Adán nos permite ver por primera vez cómo el pecado nos lleva a culpar a Dios por nuestras desgracias, dolores y miedos: «La mujer que Tú me diste por compañera me dio del árbol, y yo comí» (Génesis 3:12). Me pregunto cuántas veces hemos hecho lo mismo, atribuyéndonos siempre todo lo bueno que nos pasa, pero culpando de lo malo a Dios.

El diseño original de la creación divina no daba lugar para el sufrimiento y el dolor, pero los humanos abrimos la puerta al pecado y, como consecuencia, al sufrimiento. Muchos se preguntan al analizar el origen del pecado: «Si Dios lo sabe todo y sabía que el hombre iba a pecar y dejar entrar el sufrimiento en el mundo, ¿por qué nos creó entonces?». Considero que hay dos respuestas para esta pregunta.

La primera respuesta es por *amor*. Nosotros hacemos lo mismo que Dios hace todos los días. Cada día nacen en el mundo miles de bebés. Si le preguntas a una pareja si dejarían de tener un bebé debido a que se va a enfermar muchas veces, no los dejará dormir, quizá les fallará, los hará llorar y los desobedecerá, su respuesta siempre es: «No». ¿Por qué? Porque aun antes de que lo conozcan o nazca ya lo aman y lo recibirán con los brazos abiertos. Dios también nos creó para amarnos y para que lo amemos. Nos amó de tal manera, que no nos abandonó en nuestros pecados y nuestro dolor, sino que envió a su único Hijo para que muriera por nuestros pecados y nos salvara para que algún día regresemos a ese Edén perfecto sin dolor y sin sufrimiento y pasemos una eternidad conociéndolo, amándolo y disfrutando de Él.

Antes que Yo te formara en el seno materno, te conocí, y antes que nacieras, te consagré; te puse por profeta a las naciones. (Jeremías 1:5)

La segunda respuesta es que Dios nos creó *para su gloria*: «Trae a mis hijos desde lejos y a mis hijas desde los confines de la tierra, a todo el que es llamado por Mi nombre y a quien he creado para Mi gloria, a quien he formado y a quien he hecho» (Isaías 43:6-7). Fuimos creados para la gloria de Dios y debemos reflejarla todos los días de nuestra vida. Ya he mencionado que nuestra existencia no hace a Dios más glorioso de lo que ya es, pero su gloria es el mejor lugar en el que el ser humano podría habitar en todo el universo.

Muchas personas se equivocan al pensar que la Biblia habla de cómo el ser humano busca y se acerca a Dios o que es un libro sobre cómo la humanidad ha seguido a Dios por miles de años. Sin embargo, la Biblia trata de cómo Dios ha buscado a la humanidad de todos los tiempos y nunca nos ha abandonado, sino que ha enviado a su Hijo para darnos salvación y vida eterna.

Los cristianos hemos pasado mucho tiempo orando y tratando de evadir el dolor y el sufrimiento, pero Jesús nunca prometió que nos evitaría el dolor, sino que ha vencido a este mundo: «Estas cosas les he hablado para que en Mí tengan paz. En el mundo tienen tribulación; pero confíen, yo he vencido al mundo» (Juan 16:33). Pasaremos por sufrimientos, dolores, enfermedades y desgracias en este mundo, pero a través de la fe en Cristo podremos tener paz en medio de la tormenta, sabiendo que también venceremos al mundo y nos reuniremos con Cristo por la eternidad.

El propósito de este capítulo no es exhortarte a huir del dolor y la dificultad, sino que lo abraces y entiendas que ese sufrimiento te puede capacitar y preparar para que seas la persona que Dios quiere que seas. Pablo lo entendía así:

Y no solo esto, sino que también nos gloriamos en las tribulaciones, sabiendo que la tribulación produce paciencia; y la paciencia, carácter probado; y el carácter probado, esperanza. (Romanos 5:3-4)

Lo que el diablo quisiera usar a su favor, Dios lo usará para su gloria. No hay nada en tu vida que Dios no pueda usar para el beneficio de su gloria. Juan narra la ocasión en que Jesús sana a un hombre ciego, pero antes de sanarlo los discípulos le hicieron una pregunta: «Al pasar Jesús, vio a un hombre ciego de nacimiento. Y Sus discípulos le preguntaron: "Rabí, ¿quién pecó, este o sus padres, para que naciera ciego?". Jesús respondió: "Ni este pecó, ni sus padres; sino *que está ciego* para que las obras de Dios se manifiesten en él" (Juan 9:1-3). Los discípulos buscaban una razón que explicara la condición de este hombre porque los humanos estamos obsesionados con encontrar respuestas y la razón de todo lo que pasa a nuestro alrededor. Sin embargo, Jesús entrega una respuesta inesperada al decirles que la ceguera de este hombre era para que se manifestaran las obras de Dios o, en otras palabras, esta ceguera tenía el propósito de darle gloria a Dios. Jesús da la misma respuesta cuando le informaron que su amigo Lázaro estaba enfermo:

Las hermanas entonces mandaron a decir a Jesús: «Señor, el que Tú amas está enfermo». Cuando Jesús *lo* oyó, dijo: «Esta enfermedad no es para muerte, sino para la gloria de Dios, para que el Hijo de Dios sea glorificado por medio de ella». (Juan 11:3-4)

Incluso todo lo que nos causa dolor y desaliento existe para la gloria de Dios. No hay situación

> No hay situación por la que estemos pasando en la que no podamos glorificar a Jesús.

por la que estemos pasando en la que no podamos glorificar a Jesús. La pregunta que debemos hacernos en medio del dolor es: «¿A quién glorificaré en esta situación que estoy atravesando, a mi dolor o al que puede librarme de este dolor?». Es notorio que Jesús permaneció dos días más sin visitar a Lázaro después de enterarse de que su amigo estaba enfermo. Lo que Jesús hizo parece no tener sentido. Le acaban de informar que su amigo estaba muy enfermo y Él decide permanecer donde estaba hasta que Lázaro hubiera muerto.

Solemos anhelar resucitar cosas que Dios está esperando que mueran para que la gloria sea mucho más grande en el momento en que intervenga. Cuidado con querer estar resucitando relaciones, situaciones o sueños que Dios quiere que mueran para poder mostrarnos algo diferente. Dios también puede llevarnos hasta el borde del precipicio, permitiendo que la situación escále hasta tal punto para que entendamos que si Él no actúa nunca podremos salir de esa situación. Lo único que debemos hacer es poner nuestra fe por completo en Dios y confiar en que sabe perfectamente lo que hace.

> Solemos anhelar resucitar cosas que Dios está esperando que mueran para que la gloria sea mucho más grande en el momento en que intervenga.

Jesús no llegó y Lázaro muere. Su hermana Marta lo recibe con una queja que muchos le habríamos hecho al Señor al pensar que llega tarde: «Marta dijo a Jesús: "Señor, si hubieras estado aquí, mi hermano no habría muerto"» (Juan 11:21). Luego, cuando Jesús mandó que quitaran la piedra del sepulcro de Lázaro, Marta reclama de nuevo y dice: «Señor, ya huele mal, porque hace cuatro días *que murió*» (Juan 11:39). El dolor de Marta la hizo olvidar que el que pedía que removieran la piedra era el dador de vida, el Verbo, el Hijo de Dios, el camino, la verdad y la vida, aquel por medio del cual todas las cosas fueron creadas. El sufrimiento, el duelo y el dolor tienden a cegarnos y producen una especie de amnesia espiritual que nos hace olvidar quién es Dios y su poder. Jesús le responde: «¿No te dije que si crees, verás la gloria de Dios?» (v. 40). No necesitamos entender, solamente creer. Si creemos y confiamos, entonces veremos la gloria de Dios. Así estemos pasando por el dolor más profundo, aún en medio del dolor tendremos esperanza y glorificaremos a Dios en medio de nuestras circunstancias.

> El sufrimiento, el duelo y el dolor tienden a cegarnos y producen una especie de amnesia espiritual que nos hace olvidar quién es Dios y su poder.

Volvamos de nuevo a la gloria de Dios, el tema principal de este libro. La gloria que veremos al final de los días nos puede ayudar a sanar la ansiedad y la tristeza por los sufrimientos pasajeros de esta tierra. Pablo dice: «Pues considero que los sufrimientos de este tiempo presente no son dignos de ser comparados con la gloria que nos ha de ser revelada» (Romanos 8:18). La frase «no son dignos de ser comparados» es una descripción muy fuerte porque se puede comparar al dolor que soporta el deportista porque traerá victoria. Aunque haya dolor momentáneo, hay un profundo gozo por lo que vendrá. Los sufrimientos terrenales no son tan grandes como para quitar nuestra mirada de Dios y perder así de vista la gloria futura que se revelará en nosotros.

Pues *esta* aflicción leve y pasajera nos produce un eterno peso de gloria que sobrepasa toda comparación.
(2 Corintios 4:17)

¿Imaginas ese eterno peso de gloria que está esperándote?

Recuerdo el día tan esperado de la llegada de nuestro hijo al mundo. Mi esposa tenía contracciones cada vez más fuertes y frecuentes. Su rostro reflejaba que no la pasaba bien. Si ya respetaba a mi esposa antes del parto, después del parto la respeté aún mucho más, pues es increíble ver todo lo que una mujer experimenta para poder traer una vida a esta tierra. Sin embargo, desde el momento en que nació nuestro hijo, Jeremías, pude ver que el rostro de mi esposa se llenó de felicidad y tranquilidad al tener a su bebé en sus brazos. Todos los dolores, miedos y la espera fueron nada comparados con la hermosa experiencia de tener ya a Jeremías con nosotros. Así también todos los sufrimientos, dolores y tristezas que experimentamos en esta tierra no se compararán con la hermosa gloria de Dios que veremos cuando lleguemos al cielo. Pero no tenemos que esperar llegar al cielo para alegrarnos y regocijarnos porque también aquí podemos cambiar nuestra perspectiva de vida y fijar nuestros ojos en esa eternidad.

El enemigo no puede destruirte, pero puede provocar problemas, distracciones y desánimos para que se te olvide quién es el Dios soberano y Señor al que le perteneces y sirves. El apóstol Pablo entendía muy bien que no debemos esperar el cielo para tener una vida pacífica y gozosa, sino que la podemos vivir ahora mismo:

Y Él me ha dicho: "Te basta Mi gracia, pues Mi poder se perfecciona en la debilidad". Por tanto, con muchísimo gusto me gloriaré más bien en mis debilidades, para que el poder de Cristo more en mí. Por eso me complazco en *las* debilidades, en insultos, en privaciones, en persecuciones y en angustias por amor a Cristo, porque cuando soy débil, entonces soy fuerte. (2 Corintios 12:9-11)

No debemos olvidar que Pablo dijo esto después de rogarle tres veces a Dios que le quitara el aguijón de su carne. Desconocemos cuál era el aguijón de Pablo, pero es evidente que lo afectaba mucho, hasta rogar tres veces que se lo quitara. Es posible que te estes preguntando por qué Dios decidió no quitarle el aguijón si para Él nada es imposible. Si transformó el corazón de Pablo, ¿qué le costaba quitar el aguijón? Pablo mismo nos da la respuesta:

Y dada la extraordinaria grandeza de las revelaciones, por esta razón, para impedir que me enalteciera, me fue dada una espina en la carne, un mensajero de Satanás que me abofetee, para que no me enaltezca. (2 Corintios 12:7)

Hay aguijones que valen más que bendiciones porque te mantienen perseverando y buscando al Señor. No sé cuál puede ser tu propio aguijón, pero sí puedo decirte que los aguijones podemos verlos como imanes del poder de Dios. Si Dios permite situaciones dolorosas en nuestras vidas, Él se glorificará en medio de esas circunstancias. Lo que el enemigo quiso usar para abofetearte, Dios lo usará para glorificarse. Me anima saber que cuando soy más débil, entonces califico más para que El poder de Dios actúe en mí. Esto no significa que dejes de orar por ese problema, enfermedad o situación, sino que la búsqueda de Cristo y no tus circunstancias sean el centro de tu oración. Sea que Dios diga «sí» o diga «no» seguiremos adorándolo y dándole gloria. Pablo dice que se gloriará y hará alarde de sus debilidades

••• 153 •••

porque en medio de ellas se perfecciona el poder de Cristo. Jesús vino a morir por nosotros porque sabe que no podíamos lograrlo con nuestras propias fuerzas. Muchos creen que sus pecados y debilidades los apartan de Dios, cuando en realidad los acercan a su gracia infinita.

Durante mucho tiempo pensé que Dios se arrepentía de haberme llamado cuando le fallaba. Esto producía una profunda desdicha, pero un día entendí que Dios ya conoce el futuro, de modo que cuando nos llamó y escogió aun antes de formarnos en el vientre de nuestra madre, Él ya sabía cuánto le íbamos a fallar. Esa verdad nos hace reconocer que su gracia es mucho más fuerte que el pecado que hay en nosotros.

Solemos buscar una razón cuando estamos pasando por momentos de tristezas, enfermedades, dolores o pérdidas. Todos hemos estado en ese lugar de inseguridad y miedo, preguntándole a Dios: «¿Por qué yo? ¿Por qué tengo que pasar por esto? ¿Por qué justo a mí? ¿Por qué a mi mamá? ¿Por qué a mi papa? ¿Por qué a mi hijo?». Llenamos de preguntas a Dios porque necesitamos una explicación para nuestra situación. Yo mismo he hecho esas preguntas.

Desde pequeño me encantaba el tenis y mi pasión era ser un jugador profesional. Empecé a practicarlo desde una edad muy temprana y ya para cuando llegué a la adolescencia decidí que el tenis era lo mío y quería dedicar a ese deporte el resto de mi vida. Para mis trece y catorce años ya practicaba varias horas diarias y le iba poniendo más empeño cada día. Pronto empecé a jugar mis primeros torneos y me apasionaba ganar y convertirme en un gran jugador. Pero al final de mis catorce años empecé a experimentar un leve dolor en mi cadera. El doctor solo diagnosticó un problema muscular y recomendó descansar por unos días. Volví al entrenamiento, pero el dolor no se había ido, sino que empeoró tanto, que me costaba incluso caminar.

Otro doctor vio las radiografías y volteándose hacia mí y mi papá dijo: «Seba, tú no puedes caminar más». Nunca olvidaré ese momento. Mi mundo se derrumbó. Parecía que el tiempo se había detenido y todo se volvió lento y frío.

De repente fui diagnosticado con una enfermedad en la cadera que me impedía dar siquiera ni un solo paso. Necesitaba de una cirugía que corrigiera el problema. El doctor ordenó que usara muletas o silla de ruedas, pero fue muy claro al decirme que no diera ni un solo paso con esa pierna porque el dolor podría agravarse. Todos mis sueños de ser tenista se derrumbaron por completo, pues el doctor nos dijo que podría caminar después de la cirugía, pero nunca podría correr o hacer ejercicios de alto impacto como el tenis.

Llegué a casa destrozado, triste y sin esperanza. Me acuerdo haber orado la famosa oración: «¿Por qué a mí, Señor?», para luego sacar todas mis cartas delante de Dios: «Señor, soy una buena persona, voy siempre a la iglesia, participo en la alabanza, nunca he robado, matado o hecho algo grave. ¿Por qué me está pasando esto a mí?». Somos muchos los que nos hemos encontrado en esa situación. En ese tiempo de mi vida creía en Dios, oraba con frecuencia, asistía a la iglesia y leía la Biblia de vez en cuando. Sin embargo, mirando hacia atrás me doy cuenta de que no tenía una relación personal con Dios. A pesar de haber crecido en una iglesia, no conocía al Dios en quien decía creer. Solo seguía al Dios de mis padres.

En esa época oscura de mi vida empecé poco a poco a acercarme a Dios, a buscarlo y a leer la Biblia con mayor constancia. Un día hice una oración a Dios: «Señor, si tú me sanas dejaré el tenis para siempre y me dedicaré a hablar de ti el resto de mi vida». Es posible que en ese momento no entendiera por completo lo que estaba orando y el compromiso que estaba asumiendo. Lo que quizá realmente quería era ser sano y poder volver a jugar. Oraba así diariamente, pero cada vez que llegaba el tiempo de la cirugía dejaba de orar porque quería creer que Dios podría hacer un milagro. Junto con toda mi familia, la iglesia, los amigos y otros pastores empezamos a orar por un milagro en mi cadera. Las semanas pasaban y seguíamos orando para que Dios se glorificara en mi situación. Sin embargo, el dolor permanecía y hasta empezaba a tener una diferencia en la longitud de mis piernas de alrededor de tres centímetros.

Seguíamos orando, pero todo seguía igual.

Recuerdo como si fuera ayer un domingo después de volver del servicio a casa. Me senté en la mesa de la cocina y empecé a llorar desconsoladamente. Había perdido toda esperanza. Mi papá se sentó al lado mío y me dijo: «Seba, hagamos algo». Él me explicó que deberíamos dar un paso de fe, así como Pedro creyó que el Señor haría el milagro y por eso se lanzó a caminar sobre las aguas. Me dijo que dejara las muletas e intentara caminar a partir del día siguiente. Recordé de inmediato que el doctor me había prohibido dar un paso porque podría complicar las cosas aún más. Sin embargo, esa noche mi padre había desafiado mi fe.

Doy gracias a Dios por tener un papá que creía más en Dios que en cualquier diagnóstico o enfermedad. Él me motivó a creer igualmente en Dios. Ahora que también soy padre, me imagino lo que fue para él ver sufrir a su hijo, pero igual decidió creerle a Dios a pesar del riesgo. Esa noche oramos y al día siguiente por fe hice a un lado mis muletas y empecé a caminar. Sentí que el dolor iba aumentando de nuevo, pero recordé que mi mamá me había dicho: «Seba, con cada paso que des, repite: "Estoy sano en el nombre de Jesús"». Eso fue lo que hice. Repetía esa oración cada vez que me dolía. El dolor se mantuvo con el paso de los días y las semanas, pero un día me desperté y caminé hasta la cocina prácticamente sin dolor y sin renguear. Me sorprendí de que apenas tuviera dolor, por lo que quise comprobar si podía andar en bicicleta, algo que había dejado de hacer debido a mi problema. Corrí al patio, agarré una bicicleta, me subí y empecé a montarla. El dolor que sentía era tan mínimo que me emocioné muchísimo.

Volví a casa a buscar a mi papá y le dije: «Creo que Dios me sanó». Tenía una cita programada con un doctor en el extranjero. Le llevamos radiografías y nunca olvidaré cómo las puso una al lado de la otra sin dejarlas de mirar. Salió del consultorio y regresó con otros dos doctores solo para decirme: «Hijo, puedes reanudar tus actividades normales, incluso puedes volver al tenis, pues aquí ha ocurrido un milagro». En ese momento miré a mi papá sin saber qué decir ni cómo reaccionar. Me quedé sin palabras, sorprendido por las palabras del doctor.

Cuando estaba pensando que el doctor había dicho que podía volver al tenis me acordé de la oración en que le había dicho a Dios que si me sanaba dejaría todo para servirlo a Él. No niego que batallé durante un par de semanas, sin saber si dejarlo todo y seguir completamente a Dios o continuar con mi sueño de ser tenista. Un día decidí llamar a mi entrenador y decirle: «Ya no volveré a jugar tenis. Me quiero dedicar a predicar sobre Dios y lo que hizo en mí». Mi entrenador no estuvo de

> Siempre digo que, así como el ángel del Señor dislocó la cadera de Jacob, Dios también permitió que mi cadera literalmente fuera dislocada para que mi corazón fuera colocado en Él, pues de qué me serviría tener mis caderas sanas y bien ubicadas si tengo un corazón dislocado.

acuerdo al principio, pero luego de un tiempo decidió apoyarme. En unos pocos días llegué a sentir como si Dios tomara toda la pasión y el amor que sentía por el tenis y los sacara de mi corazón, poniendo unos deseos mayores por Él. El Señor usó esa experiencia de dolor, confusión y sufrimiento para que pudiera conocerle y entender que Él tenía otros planes para mi vida. Siempre digo que, así como el ángel del Señor dislocó la cadera de Jacob, Dios también permitió que mi cadera literalmente fuera dislocada para que mi corazón fuera colocado en Él, pues de qué me serviría tener mis caderas sanas y bien ubicadas si tengo un corazón dislocado.

No hay ninguna experiencia personal en la que Dios no esté trabajando para un propósito mayor. La enfermedad, el sufrimiento y el dolor no sorprenden a Dios y los termina usando para su gloria. Todas las cosas que el enemigo usaría para nuestra destrucción, Dios las emplea para bendición y gloria de su nombre. Por lo tanto, la pregunta que debemos hacernos al pasar por algún tipo de sufrimiento no es: «¿Por qué a mí?», sino más bien: «¿Con qué propósito Dios lo permitió?». Dios puede sacarle provecho y usar para su gloria cualquier experiencia por la que atravesamos. Todo lo que existe glorifica al Padre e incluso en esos momentos más bajos de nuestras vidas podemos decidir glorificarlo a Él.

Sin embargo, no debemos esperar a recibir la sanidad o el milagro para glorificarlo. Solemos pensar que glorificaremos a Dios cuando el milagro, la sanidad o lo que estábamos esperando ocurra. Me incomoda que solo digamos «Gloria a Dios» y agradezcamos cuando escuchamos una buena noticia, una sanidad. Pero no solemos darle la gloria cuando no sucedió el milagro, no obtuvimos lo que estábamos pidiendo o esperando. La verdad es que Dios debe ser glorificado haya ocurrido o no lo que esperábamos. Una de las historias bíblicas que comprueba este principio es la de Sadrac, Mesac y Abed Nego cuando se negaron a adorar a Nabucodonosor. Ellos entendieron una verdad fundamental que pocos llegamos a comprender con claridad:

> Sadrac, Mesac y Abed Nego le respondieron al rey Nabucodonosor: «No necesitamos darle una respuesta acerca de este asunto. Ciertamente nuestro Dios a quien servimos puede librarnos del horno de fuego ardiente. Y de su mano, oh rey, nos librará. Pero si no *lo hace*, ha de saber, oh rey, que no serviremos a sus dioses ni adoraremos la estatua de oro que ha levantado». (Daniel 3:16-18)

La respuesta de estos tres muchachos es sorprendente. Ellos estaban tan bien cimentados en lo que creían y confesaban que se negaron a adorar la estatua del rey Nabucodonosor. Ellos sabían que ese acto podía costarles la vida, pero su fe y su confianza en Dios eran más grandes que su miedo a la muerte o al rey. Estos tres jóvenes le dieron gloria a Dios al afirmar que Él los libraría, pero también lo glorificaron incluso si no los salvaba. Debemos pedirle a Dios que fomente esa misma seguridad de que Él es soberano y digno de recibir toda la gloria, ya sea que nos conceda o no lo que estamos pidiendo. Muchos se han ofendido con Dios o incluso se han apartado de Él producto de un «no» que recibieron de Él.

Abrazar la soberanía de Dios nos llevará a experimentar su amor de una manera mucho más íntima y única. Entender que el Señor tiene autoridad suprema sobre todo puede transformar nuestras vidas y nuestra relación

> Abrazar la soberanía de Dios nos llevará a experimentar su amor de una manera mucho más íntima y única.

con Dios. Por lo general nos cuesta seguir a Dios y serle fiel porque no hemos aceptado por completo quién es Él. El profeta Isaías afirma una gran verdad sobre la grandeza de Dios:

«Porque Mis pensamientos no son los pensamientos de ustedes, ni sus caminos son Mis caminos», declara el SEÑOR. «Porque *como* los cielos son más altos que la tierra, así Mis caminos son más altos que sus caminos, y Mis pensamientos más que sus pensamientos». (Isaías 55:8-9)

Nosotros los humanos podemos considerar algunas cosas como negativas o desgracias, pero para Dios pueden ser positivas y constructivas porque tiene el control absoluto sobre ellas. Lo mismo sucede cuando un niño, debido a su falta de sabiduría y experiencia, no entiende por qué sus padres no le permiten hacer ciertas cosas y llega a pensar que son malos o no lo quieren. Ese niño no percibe en ese momento que sus padres lo están guardando de cosas que ni siquiera comprende. Debemos abrazar la soberanía de Dios y hacer que forme parte de nuestro estilo de vida.

Al principio de este capítulo hablábamos de que los humanos siempre buscamos el porqué de las cosas, el significado o la razón de los sucesos. No nos gusta que un suceso quede sin explicación. Esto es completamente normal porque Dios nos hizo de esa manera. Sin embargo, cuando caminamos con Dios sucederán muchas cosas y Él permitirá muchas otras que no tendrán una explicación lógica, pero no tenerla frente a un problema, una enfermedad o una pérdida no quiere decir que Dios no esté obrando en nuestra situación. En ocasiones es posible que la oración no cambie nuestras circunstancias, pero siempre nos cambiará a nosotros.

Moisés le hizo una pregunta fundamental a Dios cuando se le apareció en la zarza ardiente y le ordenó que fuera a Egipto a liberar al pueblo de Israel:

Si voy a los israelitas, y les digo: «El Dios de sus padres me ha enviado a ustedes», tal vez me digan: «¿Cuál es Su nombre?», ¿qué les responderé?. (Éxodo 3:13)

Moisés había crecido en Egipto donde había cientos de dioses con un nombre específico y un área determinada de operación. Su pregunta permite ver lo poco que conocía al Señor. Aunque los israelitas adoraban a un solo Dios, es posible que haya estado algo confundido por los cientos de dioses de Egipto. Sin embargo, Dios respondió su pregunta y me imagino que Moisés no esperaba tal respuesta:

«YO SOY EL QUE SOY», y añadió: «Así dirás a los israelitas: "YO SOY me ha enviado a ustedes"». (Éxodo 3:14)

¿«Yo soy»? Moisés pudo haber quedado confundido con esa respuesta, pero era muy importante entender esta respuesta de Dios porque era la primera vez que Dios estaba revelando su nombre a los seres humanos. El nombre de Dios no era como Moisés lo imaginaba. La palabra que se traduce YO SOY en hebreo significa «YO SERÉ EL QUE SERÉ». El nombre de Dios tiene varias enseñanzas: en primer lugar, Dios es un ser autoexistente e independiente; en segundo lugar, Él es el creador y sustentador de todo lo que existe en el universo; en tercer lugar, es inmutable y confiable; en cuarto lugar, Dios es eterno en su existencia. Con todo, lo más importante de esta

> **En ocasiones es posible que la oración no cambie nuestras circunstancias, pero siempre nos cambiará a nosotros.**

revelación del nombre del Señor es que nos invita a confiar en Él porque estará con nosotros y es todo lo que necesitamos.

Estos son algunos de los nombres de Dios en hebreo, los cuales señalan las diversas cualidades del Ser Supremo:

- ELOHIM: Poderoso creador
- ADONAI: El Dios que gobierna
- YHWH-SHALOM: El Señor nuestra paz
- YAHWEH JIREH: El Señor proveedor
- YAHWEH ROHI: El Señor es mi Pastor
- YHWH-TSIDKENU: Dios nuestra justicia
- YHWH NISSI: Dios nuestra bandera/victoria
- YHWH-RAPHA: El Señor nuestro sanador
- YAHWEH SHAMMAH: Dios siempre presente

No hay un nombre que pueda contener a nuestro Dios. Él contiene a los nombres, los nombres no lo contienen a Él. Pidamos que el Espíritu Santo nos revele y nos haga entender esta verdad para que traiga mucha paz y seguridad a nuestras almas. La mejor respuesta que Dios puede darnos frente a nuestras dificultades no es la que le estamos pidiendo, sino que Él nos diga: YO SOY.

El Señor declara a través del profeta Jeremías: «*Porque Yo sé* los planes que tengo para ustedes [...] planes de bienestar y no de calamidad, para darles un futuro y una esperanza. Ustedes me invocarán y vendrán a rogarme, y Yo los escucharé. Me buscarán y *me* encontrarán, cuando me busquen de todo corazón. (Jeremías 29:11-13)

> Él contiene a los nombres, los nombres no lo contienen a Él.

De nuevo vemos una verdad irrefutable: YO SÉ. Puedes

descansar ahora mismo en la verdad de que Dios lo sabe todo. Podemos repetir constantemente:

«Lo único que yo sé es que Él sabe».

Disfrutamos mucho más el viaje de la vida cuando descansamos en la omnisciencia de Dios, es decir, que Él lo sabe todo. Lo mismo sucede cuando visitamos un país extranjero y somos guiados por un guía turístico. Tenemos dos opciones, prestarle mucha atención y disfrutar del viaje o ignorarlo e ir por nuestro camino a tientas y ansiosos. Por lo tanto, mientras vivamos no hay nada más reconfortante que descansar en el Espíritu Santo, el Guía que Dios nos mandó para enseñarnos a vivir. El Espíritu Santo es el Guía que nos conduce por esta vida y hacia la otra, nos enseña el camino, nos revela la verdad, nos brinda paz, gozo y transforma nuestra vida.

Me gustaría recordarte una de las verdades más elementales del evangelio:

Cristo se encarnó y
se hizo hombre.

> La mejor respuesta que Dios puede darnos frente a nuestras dificultades no es la que le estamos pidiendo, sino que Él nos diga: YO SOY.

> El Espíritu Santo es el Guía que nos conduce por esta vida y hacia la otra, nos enseña el camino, nos revela la verdad, nos brinda paz, gozo y transforma nuestra vida.

Esto cambia *todo* porque significa que Él entiende cada etapa y proceso que atravesamos, pues también los experimentó. Entonces, cuando Jesús nos dice: «YO SOY» podemos descansar en Él porque sabemos que enfrentó todas las dificultades, tentaciones y problemas que nosotros enfrentamos.

> Porque no tenemos un Sumo Sacerdote que no pueda compadecerse de nuestras flaquezas, sino Uno que ha sido tentado en todo como *nosotros, pero* sin pecado. Por tanto, acerquémonos con confianza al trono de la gracia para que recibamos misericordia, y hallemos gracia para la ayuda oportuna. (Hebreos 4:15-16)

Jesús se puede compadecer de cada uno de los sufrimientos, tentaciones y dificultades que puedas estar atravesando hoy. Jesús tiene la autoridad para decirnos muchas veces «mi gracia es suficiente» o respondernos con un «no» porque Él mismo ha recibido esa misma respuesta hace dos milenios en el huerto de Getsemaní cuando pidió que si fuera posible pase la copa. Jesús entiende tu dolor.

El hecho de que Jesús haya venido a vivir a esta tierra y haya experimentado todo lo que nosotros pasamos es lo que hace que sea digno de nuestra confianza. Jesús es todo lo que tú y yo necesitamos, es el gran YO SOY. En los Evangelios, encontramos que Jesús se adjudicó el nombre Yo soy en varias oportunidades. Eso fue lo que ocasionó que los fariseos buscaran su muerte. Veamos algunos ejemplos:

- «Yo soy el pan de la vida» (Juan 6:35).
- «Yo soy la Luz del mundo» (Juan 8:12).
- «Yo soy la puerta» (Juan 10:7).
- «Yo soy el buen pastor» (Juan 10:14).

- «Yo soy la resurrección y la vida» (Juan 11:25).
- «Yo soy el camino, la verdad y la vida» (Juan 14:6).
- «Yo soy la vid verdadera» (Juan 15:1).

¡Jesús es!
¡Qué gran verdad!

Él es la respuesta a la necesidad de la humanidad. Aunque no obtengamos el milagro, la liberación, la petición o la respuesta que estábamos pidiendo, siempre lo tenemos a Él y es más que suficiente para nuestra alma.

En el Señor se gloriará mi alma;
lo oirán los humildes y se regocijarán.
(Salmos 34:2)

Y mi alma se regocijará en el Señor;
en Su salvación se gozará.
(Salmos 35:9)

Cuando nuestro gozo y nuestro contentamiento vienen del Señor, no hay situación, noticia, enfermedad, dolor o problema que pueda quitarnos la alegría del corazón.

Y me alegro también de las debilidades, los insultos, las necesidades, las persecuciones y las dificultades que sufro por Cristo, porque cuando más débil me siento es cuando más fuerte soy. (2 Corintios 12:10, DHH)

Jesús entiende tu dolor, quebrantos, enfermedades, tentaciones y todo lo que puedas estar atravesando. Él ve tu sufrimiento y no permanece indiferente, sino que se compadece de ti y acude en tu ayuda. Pero también debemos recordar que muchas veces la ayuda de Jesús no se verá como lo que esperábamos. Solemos acercarnos a Él con ciertas expectativas no solo de un milagro, sino también de cómo debe producirse. Los Evangelios nos muestran que Jesús sanó a muchas personas de muchas maneras. Si el milagro por el cual estás orando no llega como querías o incluso si no llegue en absoluto, que tu fe siempre esté puesta en el Rey de gloria y que nada que puedas pasar en esta tierra te haga olvidar que Dios sigue siendo Dios.

CAPÍTULO

10

Una vida transformada

«Pero todos nosotros, con el rostro descubierto, contemplando como en un espejo la gloria del SEÑOR, estamos siendo transformados en la misma imagen de gloria en gloria, como por el Señor, el Espíritu».

(2 Corintios 3:18)

SIEMPRE ME FASCINÓ LO que dice la Biblia sobre la apariencia de Moisés: «Cuando Moisés descendía del monte Sinaí con las dos tablas del testimonio en su mano, al descender del monte, no sabía que la piel de su rostro resplandecía por haber hablado con Dios» (Éxodo 34:29). Sin duda los israelitas deben haber quedado impactados al ver el rostro resplandeciente de Moisés. Recuerdo de niño haberle pedido a Dios que pudiera salir del cuarto de oración con mi rostro brillando. Nuestros rostros ya no brillan literalmente después de pasar un tiempo con Dios, pero nuestros espíritus siempre saldrán llenos de su gloria después de estar con Él en lo secreto. Nuestros espíritus resplandecen con la luz de Cristo, aunque no nos demos cuenta.

Moisés no sabía que la piel de su rostro resplandecía luego de haber hablado con Dios. Es posible que tampoco lo sepamos, pero cada vez que hablas genuinamente con Dios, tu corazón se llena de esplendor. Me pregunto por qué Moisés se cubría el rostro para que no lo vieran. El apóstol Pablo lo explica: «Y no *somos* como Moisés, *que* ponía un velo sobre su rostro para que los israelitas no fijaran su vista en el fin de aquello que había de desvanecerse» (2 Corintios 3:13). Moisés se cubría para que los israelitas no vieran el desvanecimiento de aquella gloria.

Pablo contrasta el ministerio antiguo de la ley, grabada en piedra, con el ministerio del Espíritu Santo. Si ese momento era tan grandioso que la cara de Moisés resplandecía, la obra del Espíritu tiene mucha más gloria. Él vive hoy en nosotros y hará que de nuestro interior broten ríos de agua viva sin fin, tal como lo declaró Jesús:

> El que cree en mí, como dice la Escritura, de su interior correrán ríos de agua viva. Esto dijo del Espíritu que habían de recibir los que creyesen en él; pues aún no había venido el Espíritu Santo, porque Jesús no había sido aún glorificado. (Juan 7:38-39, RVR1960)

Ya no debemos ponernos un velo porque la gloria no se irá desvaneciendo, sino que va incrementándose gracias a la obra de Cristo en la cruz y al Espíritu Santo en nosotros. Esa gloria y esa presencia que experimentó Moisés la podemos tener en nosotros gracias al Espíritu Santo.

El problema actual no es el velo que cubría el rostro de Moisés, sino el velo que está cubriendo los corazones de esta generación. Esta generación no puede ver a Dios y conocerlo porque tiene un velo sobre sus corazones que no les permite ver la gloria del Señor. Pablo explica el problema y la solución:

> Y hasta el día de hoy, cada vez que se lee a Moisés, un velo está puesto sobre sus corazones. Pero cuando alguien se vuelve al Señor, el velo es quitado. (2 Corintios 3:15)

Podemos equivocarnos y pensar que basta asistir a alguna iglesia para escuchar sobre Jesús, ser testigo de sus milagros y por eso ya no tenemos ningún velo sobre el corazón. Pero hacer todo eso no significa que el velo fue quitado. Los fariseos veían a Jesús cara a cara, hablaban con Él y observaban sus milagros, pero el velo seguía sobre sus corazones. Eso también sucede hoy. Cuando alguien dice que el cristianismo no es para él o ella y se niega a creer en Jesús o rendirle su vida es porque todavía no se ha vuelto a Dios con un corazón humillado y sincero. Toda persona verá realmente a Jesús si se humilla de verdad y se vuelve a Él. Por eso digo que no todo el que ve y escucha, realmente ve y escucha. Pero Cristo vino para poder quitar el velo que estaba sobre los corazones de hombres y mujeres y así podamos ver la gloria de Dios con el rostro descubierto. Ese velo nunca hubiera podido ser quitado de nuestros corazones sin la obra de Jesús en la cruz, porque sin Él estábamos muertos en nuestros pecados. Pero al estar en Cristo, se nos da vida, y esto es algo que nadie podría lograr por sus propios medios, sino que solamente el Espíritu Santo puede darnos esa vida nueva.

Jesús no vino al mundo para hacer buenos a los malos.
¡Él vino al mundo para darles vida a los muertos!

Esa es la gran diferencia con el resto de las religiones del mundo. No se trata de lo bueno que puedas ser para heredar la vida eterna o ser salvo, se trata de pasar de la muerte a la vida gracias a la sangre de Cristo Jesús. Vemos la gloria de Dios porque Jesús vino a quitar el velo de nuestros corazones. La manifestación de la gloria de Dios es lo que nos transforma y nos lleva de vuelta al origen de todo, haciendo que cada día nos parezcamos más y más a la imagen de Jesús. Fuimos creados para parecernos a Dios, para reflejar su gloria y para su gloria. Estamos fuera de nuestro medio ambiente original cuando no vivimos de esa manera. Por lo tanto, una vida sin Cristo se

> **Jesús no vino al mundo para hacer buenos a los malos. ¡Él vino al mundo para darles vida a los muertos!**

siente tan extenuante, abrumadora y pesada. Es como si un pez tratara de sobrevivir fuera del agua. Fuimos creados para reflejar la gloria de Dios, pero si el velo no es quitado de nuestros corazones, no podremos ver esa gloria y, en consecuencia, nuestros corazones no serán vivificados ni transformados.

Para amar de verdad a Dios necesitamos una genuina revelación de Dios, pero también la revelación de la verdad por el Espíritu Santo producirá una genuina humillación. Estamos batallando por conocer y seguir a Dios porque probablemente no nos hemos humillado hasta la muerte. Bendita muerte, la muerte que nos da vida

> La manifestación de la gloria de Dios es lo que nos transforma y nos lleva de vuelta al origen de todo, haciendo que cada día nos parezcamos más y más a la imagen de Jesús.

y abre la puerta de la eternidad en nuestros corazones. Se vuelve nuestra aliada en vez de ser nuestra enemiga. No hay otro camino hacia la vida que pasar por la muerte, tal como dijo Jesús:

Porque el que quiera salvar su vida, la perderá; pero el que pierda su vida por causa de Mí, la hallará. (Mateo 16:25)

A través de la muerte a nosotros mismos se apagan todos los pensamientos tibios y distorsionados que teníamos de Dios y la luz del Espíritu Santo nos muestra quién realmente es el Señor. La genuina revelación de Dios por el Espíritu Santo nos lleva a una vida de auténtica contemplación. Todos pueden percibir algo de Dios, pero no todos realmente lo contemplan hasta el punto de decir como el rey David:

¡Oh Señor, Señor nuestro,
cuán glorioso es Tu nombre en toda la tierra,
que has desplegado Tu gloria sobre los cielos!
(Salmos 8:1)

No podemos más que rendirnos y adorarlo cuando contemplamos el nombre glorioso de nuestro Dios. Cuando meditamos en la gloria de Dios y tratamos de imaginar su grandeza, porque percibirla en toda su magnitud resulta imposible para nuestra mente tan pequeña, suceden varias cosas en nuestro interior. En primer lugar, somos llevados a amarlo y admirarlo a un nivel más profundo. En segundo lugar, somos puestos en nuestro sitio al recordarnos quién es Dios y quiénes somos nosotros y por eso nos hacemos la misma pregunta que se hacía el rey David:

¿Qué es el hombre para que te acuerdes de él,
y el hijo del hombre para que lo cuides?
(Salmos 8:4)

Al ver la grandeza de Dios, vemos nuestra pequeñez.

Tener una imagen correcta de nosotros mismos es de suma importancia porque una imagen distorsionada hará que veamos lo que nos rodea con un filtro equivocado. Pero solo nos veremos como somos mirándolo a Él. Mientras más tiempo pasemos sin contemplarlo, mayor probabilidad habrá de que nuestra autopercepción se contamine y distorsione. Ver y contemplar a Dios en nuestros días no es un misterio oculto ni una revelación nueva, sino que está en la milenaria Palabra de Dios. Allí

> **Al ver la grandeza de Dios, vemos nuestra pequeñez.**

veremos a Dios tal como Él es y seremos transformados a su imagen y semejanza. La Palabra de Dios es el camino que nos lleva al Camino, es alimento para la vida que nuestras almas anhelan. La Palabra de Dios revelada por el Espíritu Santo nos dará la sabiduría necesaria para esta vida y la vida eterna.

Como Moisés salía de la presencia de Dios con el rostro resplandeciente, así también cada vez que entramos en nuestros cuartos de oración para buscar a Dios saldremos transformados y llenos de su gloria. La causa de que tantos cristianos vivan en derrota y sin experimentar una transformación es porque no pasan tiempo exponiéndose a la gloria de Dios. Así como nadie puede pretender broncearse por estar expuesto al sol por cinco minutos, tampoco podemos pretender que pasar cinco minutos al día buscando a Dios nos transforme a su imagen y semejanza.

> Mientras mayor sea la exposición a la gloria de Dios, mayor será la transformación de nuestro corazón.

La realidad es que, hasta que no le rindas tu vida por completo a Jesús, no podrás ver y entender el peso y la majestad de la gloria de Dios. Sin embargo, entregarle la vida a Cristo no significa que ya todo está hecho, ya somos completamente transformados y se resuelven todos nuestros problemas. Entregarle tu vida a Cristo es más como empezar una membresía en un gimnasio. A partir de ese momento tienes un sinfín de beneficios a tu favor: máquinas para caminar, pesas, piscinas, spa, nutricionistas y entrenadores. El hecho de que te hayas

Mientras mayor sea la exposición a la gloria de Dios, mayor será la transformación de nuestro corazón.

hecho miembro no significa que ya estés usando todos los beneficios que te esperan, ni mucho menos que ya estés entrenado y creciendo. Lo mismo ocurre en nuestra relación con Jesús, para ir de gloria en gloria debemos ser expuestos cada día a la presencia de Dios y al conocimiento de Cristo. Sería muy triste llegar al cielo y no haber disfrutado de los beneficios del cielo mientras estábamos aún en la tierra. Esto lo digo porque la manera en que vivimos aquí en la tierra definirá la manera en que seremos recompensados allá en el cielo:

> Sería muy triste llegar al cielo y no haber disfrutado de los beneficios del cielo mientras estábamos aún en la tierra. Porque la manera en que vivimos aquí en la tierra definirá la manera en que seremos recompensados allá en el cielo.

La obra de cada uno se hará evidente; porque el día la dará a conocer, pues con fuego *será* revelada. El fuego mismo probará la calidad de la obra de cada uno. Si permanece la obra de alguien que ha edificado sobre *el fundamento*, recibirá recompensa. Si la obra de alguien es consumida *por el fuego*, sufrirá pérdida; sin embargo, él será salvo, aunque así como a través del fuego. (1 Corintios 3:13-15)

Pablo dice que nuestras obras serán pasadas por fuego y se probará sobre qué están fundamentadas, es decir, si las hicimos por egoísmo, vanagloria, interés propio o por amor a Cristo y el prójimo. La salvación es por fe y pura gracia, pero las recompensas en el cielo se basan en nuestras obras en la tierra. Hablo de obras porque es inevitable que fluyan obras para el reino de Dios desde el interior de una persona que va de gloria en gloria y de transformación en transformación.

El apóstol Pablo señala en su carta a la iglesia de Corinto: «El Señor es el Espíritu; y donde está el Espíritu del Señor, *hay* libertad» (2 Corintios 3:17). Él dice esto inmediatamente después de afirmar que el velo es quitado cuando nos volvemos a Jesús. Además, habla del Espíritu porque el trabajo del Espíritu Santo es ayudarnos a imitar a Cristo y llevarnos de gloria en gloria, ya que Él es el Espíritu de gloria. Pedro lo explicó de la siguiente manera:

> Si ustedes son insultados por el nombre de Cristo, dichosos son, pues el Espíritu de gloria y de Dios reposa sobre ustedes. Ciertamente, por ellos Él es blasfemado, pero por ustedes es glorificado. (1 Pedro 4:14)

Trataré de explicarlo con el siguiente ejemplo. Si alguien quiere conocerme, saber cómo soy, mis gustos y copiar mi forma de ser, hablar y vivir, no hay nada mejor que acudir a mi esposa, pues ella es la persona que me conoce más profundamente. De la misma manera, si queremos ser transformados de gloria en gloria y conocer a Jesús, debemos buscar al Espíritu Santo porque Él nos guiará hacia toda la verdad.

El propósito principal de ser discípulos de Jesús es ir pareciéndonos cada vez más a Cristo.

La palabra «discípulo» en griego puede traducirse como «aprendiz, alumno, alguien que aprende a vivir y ser como la persona a quien sigue». Entre las muchas cosas que traen gloria al Padre —por ejemplo, como cuando le obedecemos, honramos, buscamos, amamos a nuestro prójimo o predicamos acerca de Él— creo que hay una que le da más gloria y es cuando alguien se parece a su Hijo. Dios recibe mayor gloria cuando nos mira y ve a Cristo en nosotros. Esa es justamente la misión del discipulado: formar a Cristo en las personas de la iglesia.

> **Dios recibe mayor gloria cuando nos mira y ve a Cristo en nosotros.**

A través del libro he usado mucho la palabra «transformación» porque creo que es a lo que debemos apuntar como hijos de Dios. Si no estamos siendo transformados, entonces ¿qué estamos haciendo? Resulta imposible estar expuestos a la gloria de Jesús y no ser transformados. De la palabra «transformación» en griego se deriva la palabra metamorfosis. Soy un admirador del proceso de metamorfosis de las orugas a mariposas. De la misma manera podemos ser transformados en esta tierra al buscar a Dios y pasar tiempo en su presencia, en su Palabra y en oración. Ya he dicho que lo que transforma nuestra vida es conocer y buscar al Hijo. El apóstol Juan lo explica con su propia experiencia:

Sí, amados míos, ahora somos hijos de Dios, y no podemos ni siquiera imaginarnos lo que vamos a ser después. Pero de algo estamos ciertos: que cuando él venga seremos semejantes a él, porque lo veremos tal como es. El que espera esto se purifica, como Cristo es puro. (1 Juan 3:2-3, NBV)

Juan dice que ni siquiera podemos imaginarnos la transformación que ocurrirá en nosotros cuando venga Cristo, lo veamos cara a cara y podamos contemplar todo el esplendor de su gloria. Pablo también lo dice con sus propias palabras:

> Porque ahora vemos por un espejo, veladamente, pero entonces *veremos* cara a cara. Ahora conozco en parte, pero entonces conoceré plenamente, como he sido conocido. (1 Corintios 13:12)

La experiencia de ver cara a cara a nuestro Rey y Salvador será gloriosa. Sin embargo, no tenemos que esperar su venida para ser transformados de gloria en gloria. Ya podemos experimentar parte de esa transformación desde aquí en la tierra, tal como lo explica Pablo:

> Pero todos nosotros, con el rostro descubierto, contemplando como en un espejo la gloria del Señor, estamos siendo transformados en la misma imagen de gloria en gloria, como por el Señor, el Espíritu. (2 Corintios 3:18)

Hay dos frases que resaltan más para mí en este pasaje. La primera es «con el rostro descubierto», es decir, que ese velo que todos tenemos solo se quita cuando nos volvemos a Jesús y le rendimos nuestra vida. Por lo tanto, no experimentaremos transformación alguna si

> Por lo tanto, no experimentaremos transformación alguna si queremos ser transformados de gloria en gloria, pero no estamos dispuestos a rendirle nuestra vida por completo a Jesús y así lograr que el velo sea quitado.

queremos ser transformados de gloria en gloria, pero no estamos dispuestos a rendirle nuestra vida por completo a Jesús y así lograr que el velo sea quitado.

La segunda frase que me llama la atención es «como por el Señor, el Espíritu». El único que puede quitarnos el velo y exponernos a la gloria de Dios es el Espíritu Santo. Ahora podemos entender por qué Jesús les dijo a los discípulos que les convenía que Él se fuera, porque su partida era necesaria para que llegara el Espíritu. Jesús sabía que el Espíritu Santo estaría con cada uno de nosotros personalmente y nos guiaría hacia la gloria de Dios y hacia esa libertad que solo Él puede darnos. Pablo asegura que «el Espíritu todo lo escudriña, aun las profundidades de Dios» (1 Corintios 2:10), por eso no hay relación de amistad mayor y más importante que la que disfrutamos con el Espíritu Santo. Él es el encargado por Jesús para llevarnos de gloria en gloria y revelarnos los secretos del corazón del Padre.

Si los cielos y la creación tan imponentes son solo el reflejo de la gloria de Dios, ¡cuán grande e impresionante debe ser la propia gloria del Señor! Si por el momento solo estamos contemplando la gloria del Señor como en un espejo, pero aun así es tan hermoso y poderoso seguirlo, ¡imaginen lo que será contemplar la gloria de Dios cara a cara! Si desarrollar una relación de amistad con el Espíritu Santo aquí en la tierra es algo tan alentador, transformador y perfecto, ¡Imagina cuando estemos en el cielo sin ningún impedimento en la presencia de Dios!

Una de las evidencias de que alguien está siendo transformado a la misma imagen de Cristo de gloria en gloria es que ha reconocido, experimentado y probado cuán glorioso es el nombre de nuestro Dios. Siempre nos costará contemplarlo y disfrutarlo cuando tenemos pensamientos tibios y fríos sobre quién es Dios y cuán glorioso es su nombre. No solemos contemplar y admirar lo que no nos sorprende y consideramos ordinario.

No obstante, la Palabra nos muestra que muchos de los hombres de Dios entendían lo glorioso que es el nombre del Señor. El rey David dijo:

> ¡Oh SEÑOR, Señor nuestro,
> cuán glorioso es Tu nombre en toda la tierra!
> (Salmos 8:9)

En el libro de Nehemías, los levitas exhortan al pueblo de Israel a alabar a Dios:

> Levántense, bendigan al SEÑOR su Dios por siempre y para siempre. Sea bendito Tu glorioso nombre y exaltado sobre toda bendición y alabanza. (Nehemías 9:5)

Un entendimiento correcto de quién es Dios nos llevará a una vida de temor reverente a Él. Ese tipo de vida nos llevará a contemplarlo y glorificarlo. Tengo la convicción de que las personas que se apartan de la iglesia, blasfeman el nombre de Dios, deciden no seguirlo, se burlan de Él o abusan de su bondad es simplemente porque tienen un entendimiento pobre y frío sobre quién es Él. Si realmente pudiéramos ver con nuestros ojos, por una fracción de segundo, lo grande, fuerte, poderoso, santo, altísimo y glorioso que es Dios, caeríamos de rodillas ante Él con temor y reverencia.

> Un entendimiento correcto de quién es Dios nos llevará a una vida de temor reverente a Él. Ese tipo de vida nos llevará a contemplarlo y glorificarlo.

De seguro alguien se pregunta por qué Dios no se aparece a toda la humanidad y muestra su gloria para que todos crean en Él. Considero que hay varias razones divinas para no hacerlo. En primer lugar, aún si Dios se aparece frente a toda la humanidad y todos lo ven, habrá miles de personas que no creerán en Él producto del pecado y sus corazones endurecidos. Ellos saldrán con cientos de excusas y conspiraciones sobre la aparición de Dios. En segundo lugar, Dios no obligará ni forzará a nadie a creer en Él, pues nos ha dado libre albedrío para escoger a quién seguir y amar. En tercer lugar, toda persona que ve la gloria de Dios sin un previo conocimiento de Él y sin temor, respeto y una relación personal con Dios, sentirá miedo y solo querrá esconderse. Solo aquellas personas que han tenido previamente una relación con Dios, amor por su nombre y un corazón abierto a Él no sentirán miedo después de ver su gloria, sino temor, reverencia y más admiración y amor.

> Solo aquellas personas que han tenido previamente una relación con Dios, amor por su nombre y un corazón abierto a Él no sentirán miedo después de ver su gloria, sino temor, reverencia y más admiración y amor.

Considero que la Palabra de Dios es un arma más con la que contamos para la transformación de nuestros corazones e ir de gloria en gloria. Nunca podremos ser transformados si no aprendemos a amar la Palabra, a meditar en ella y disfrutarla. El Espíritu Santo es el que nos transforma a la imagen de Jesús a través de la Palabra de Dios. El consejo de Pablo era: «Pónganse el casco de la salvación y tomen la espada que les da el Espíritu, que es la Palabra de Dios» (Efesios 6:17, NBV). Pablo describe la armadura del cristiano y dice que la Palabra de Dios es la espada del Espíritu. Toda obra de transformación que el Espíritu Santo realiza en nosotros la lleva a cabo por medio de las Escrituras que atesoramos en nuestro interior. La Palabra de Dios es tan importante porque la mejor manera de contemplar a Jesús es leyendo sobre Él y conociéndolo en las Escrituras. Por lo tanto, debemos convertirnos en personas que aman la Palabra de Dios.

Las biografías de todos los grandes hombres y mujeres de Dios que lograron cosas extraordinarias para Él tenían algo en común: ¡amaban la Palabra de Dios! Uno de los hombres que admiro por su amor a la Palabra de Dios y el legado que dejó al cuerpo de Cristo es George Müller. En su biografía podemos leer lo siguiente:

En sus noventa y dos años de servicio fructífero, George Müller de Bristol había leído la Biblia más de doscientas veces. Más de cien de esos viajes bíblicos los recorrió de rodillas, orando activamente sobre lo que estaba leyendo en la Palabra de Dios. Expresó su convicción personal de esta manera: «Así como el hombre exterior no es apto para trabajar por mucho tiempo a menos que coma, lo mismo sucede con el hombre interior. ¿Cuál es el alimento para el hombre interior? No la oración, sino la Palabra de Dios, y no la simple lectura de la Palabra de Dios, de modo que solo pase por nuestra mente como el agua corre por un caño. No, debemos considerar lo que leemos, reflexionar sobre ello y aplicarlo a nuestro corazón».[1]

Müller leía toda la Biblia cuatro veces al año. Afirmó que una vez aprendió que «el primer gran y principal negocio que

debía atender todos los días era tener mi alma feliz en el Señor».
¿Cómo lo lograba? Entendió que después de vestirse por la
mañana, «lo más importante que tenía que hacer era entregar-
me a la lectura de la Palabra de Dios y meditar en ella».[2]

El rey David es uno de mis personajes favoritos de la Biblia.
Desde pequeño me fascinaban sus historias, en especial su
victoria sobre el gigante Goliat. Algo que nos viene a la mente
cuando pensamos en David es que era un hombre conforme
al corazón de Dios. Podemos encontrar muchas razones para
tal afirmación, como por ejemplo que era humilde, se arrepentía de corazón cuando fallaba, defendía las causas de las
personas y era íntegro. No obstante, creo que la verdadera
razón por la cual fue un hombre conforme al corazón de Dios
la encontramos en el Salmo 119, donde él elogia la Palabra de
Dios por encima de todas las cosas. David fue el hombre que
fue debido al amor que sentía por la Palabra de Dios. David
empleó cientos de formas en ese salmo para decir que amaba
la Palabra de Dios:

Lámpara es a mis pies Tu palabra,
y luz para mi camino.
(Salmos 119:105)

¡Cuán dulces son a mi paladar Tus palabras!,
sí, *más* que la miel a mi boca.
(Salmos 119:103)

Llegar a amar y contemplar así la Palabra de Dios será lo que
moldeará nuestros corazones para hacerlos conforme al corazón
de Dios. La Palabra de Dios es el mapa que nos conduce a lo
profundo de Su corazón y nos lleva a amarlo más profundamente. David fue un hombre conforme al corazón de Dios porque

estaba lleno de la Palabra de Dios. Eso mismo es lo que nos llevará de gloria en gloria. Pero no se trata de cuántas Biblia tengas, sino de cuánto la Biblia te tiene a ti.

La Biblia no es un libro de historia, sino la Palabra viva y poderosa de Dios. Todo hijo o hija de Dios que disfrute de intimidad con Él ama y reconoce el poder que tiene su Palabra. El autor de Hebreos lo expresa con estas palabras:

> Porque la palabra de Dios es viva y eficaz, y más cortante que cualquier espada de dos filos. Penetra hasta la división del alma y del espíritu, de las coyunturas y los tuétanos, y es *poderosa* para discernir los pensamientos y las intenciones del corazón. No hay cosa creada oculta a Su vista, sino que todas las cosas están al descubierto y desnudas ante los ojos de Aquel a quien tenemos que dar cuenta. (Hebreos 4:12-13)

La Palabra de Dios nos mantiene firmes hasta el fin. Por lo tanto, para experimentar una transformación genuina, primero debemos rendirle completamente nuestras vidas a Jesús. Pero no me estoy refiriendo a hacer una oración de fe o tener un conocimiento intelectual de

> Llegar a amar y contemplar así la Palabra de Dios será lo que moldeará nuestros corazones para hacerlos conforme al corazón de Dios.

> Pero no se trata de cuántas Biblia tengas, sino de cuánto la Biblia te tiene a ti.

quién es Jesús y lo que hizo por la humanidad. Estoy hablando de entregarle verdaderamente nuestro corazón, nuestra mente, nuestra vida, nuestro trabajo, nuestra familia y todo lo que tenemos a Dios para que se haga su voluntad y no la nuestra. Me refiero a rendirnos y tomar nuestra cruz, pidiéndole al Espíritu Santo que nos muestre más del Padre, que nos revele más de Jesús y que a través de una contemplación diaria de la Palabra de Dios nos vaya transformando de gloria en gloria a la misma imagen de Cristo.

CAPÍTULO

11

El celo de Dios

«El SEÑOR tu Dios, que está en
medio de ti, es Dios celoso».

(Deuteronomio 6:15)

NO SE HABLA MUCHO de que la Biblia afirma que Dios es celoso. En el mismo capítulo donde se nos entregan los Diez Mandamientos, Dios se define a sí mismo como un Dios celoso:

> Porque Yo, el Señor tu Dios, soy Dios celoso, que castigo la iniquidad de los padres sobre los hijos hasta la tercera y cuarta generación de los que me aborrecen, y muestro misericordia a millares, a los que me aman y guardan Mis mandamientos. (Éxodo 20:5-6)

Es importante que comprendamos de qué tipo de celos está hablando Dios en la Biblia. Se suele tener la idea de que el celo es malo y hasta enfermizo, pero Dios no se estaba refiriendo a este tipo de celos humanos, sino a uno mucho más profundo y amoroso. Pongamos un ejemplo. Si un esposo ve que un hombre está queriendo tocar, abusar o seducir a su esposa, él naturalmente dará un salto, correrá a evitarlo y la protegerá. No lo hará porque dude de ella, sino porque la ama y no quiere compartirla con nadie. El esposo puede estar seguro del amor de su esposa y que jamás lo dejaría por otro, pero aun así sus celos se despiertan como resultado de un amor íntimo y profundo.

De la misma manera, en el pasaje donde Dios nos dio los Diez Mandamientos se puede ver claramente que Él quería que el pueblo de Israel entendiera algo muy simple, que le pertenecían y era celoso con respecto a ellos. Su celo no es producto de que otros dioses falsos fueran una amenaza para Él, porque realmente nunca lo fueron, sino porque el corazón de Dios estaba con el pueblo de

Israel y su gloria habitaba entre ellos. Por eso empieza diciendo: «Yo soy el Señor tu Dios, que te saqué de la tierra de Egipto, de la casa de servidumbre» (v. 2). Dios quería que los israelitas supieran que Él era su Dios, su amado y que los amaba con amor eterno (Jeremías 31:3). Por lo tanto, el primer mandamiento fue:

No tendrás otros dioses delante de Mí. (v. 3)

¿Crees que Dios les dijo esto porque tenía miedo de los otros dioses? ¡Por supuesto que no! El Antiguo Testamento nos muestra con frecuencia cómo Dios humillaba y vencía a los dioses falsos... ¡que ni existían! Dios no quería que el corazón de su amado pueblo se desviara y resbalara hacia los falsos dioses de las otras naciones, pues lo único que cosecharían sería derrota, tristezas y muerte.

Cuando nuestros corazones se desvían y dividen, nos resulta imposible vivir una vida para la gloria de Dios porque una vida que glorifica a Dios muestra un amor y una devoción exclusiva a Él y nadie más. El segundo mandamiento dice así:

No te harás ningún ídolo, ni semejanza alguna de lo que está arriba en el cielo, ni abajo en la tierra, ni en las aguas debajo de la tierra. (v. 4)

No se trataba simplemente de que Israel no adorara dioses ajenos de los pueblos vecinos,

> Cuando nuestros corazones se desvían y dividen, nos resulta imposible vivir una vida para la gloria de Dios porque una vida que glorifica a Dios muestra un amor y una devoción exclusiva a Él y nadie más.

sino de que tampoco fabricara ningún tipo de ídolo de nada que formara parte de la creación. Nuestros corazones son fábricas de ídolos de todo tipo. Martín Lutero dijo: «Cualquier cosa a la que tu corazón se aferre y confíe, ese es realmente tu dios, tu salvador funcional».[1] Dios empezó el Decálogo con esta indicación porque levantar ídolos en nuestros corazones bloquea nuestra habilidad de sentir, hablar y escuchar al Dios verdadero. Jesús fue muy enfático con este tema: «Nadie puede servir a dos señores; porque o aborrecerá a uno y amará al otro, o apreciará a uno y despreciará al otro. Ustedes no pueden servir a Dios y a las riquezas» (Mateo 6:24). No se trata simplemente de una regla de lealtad única que debemos cumplir, sino de que realmente es imposible tener dos señores con autoridad sobre nosotros. Nuestros corazones tienen solo un trono y solo una persona puede ocupar ese lugar. Es Cristo o cualquier otro ídolo que pongamos en ese sitio.

> Nuestros corazones tienen solo un trono y solo una persona puede ocupar ese lugar. Es Cristo o cualquier otro ídolo que pongamos en ese sitio.

Todo aquello que no ocupa el trono de nuestro corazón tiene un lugar secundario en nuestra vida. Lastimosamente, hoy ocupan ese trono personas, relaciones, carreras, ministerios, cuerpos, dinero, estatus, reputación, redes sociales, fama y muchos otros ídolos contemporáneos. Charles Spurgeon declaró:

> Si hay algo que amas más que a Dios, eres idólatra. Si hay algo que no dejarías por Dios, es tu ídolo. Si hay algo que buscas con mayor fervor que la gloria de Dios, ese es tu ídolo, y conversión significa alejarse de todo ídolo.[2]

La idolatría es la adoración a un ídolo, es decir, una cosa o persona a la que te sometes porque te brinda más seguridad y tranquilidad que el mismo Dios. La idolatría impide el disfrute de la gloria de Dios, no te permite crecer en su presencia y adormece toda señal espiritual. La idolatría se convierte esencialmente en un ladrón de la gloria que busca quitarle a Dios la gloria que solo Él merece para dársela a alguien o algo más. La idolatría es como una neblina espiritual que no nos permite ver el amor de Cristo por nosotros. Por eso Dios mandaba continuamente al pueblo de Israel a destruir toda imagen, estatua o ídolo. No se podía ni siquiera concebir la idea de que esa imagen que representaba a otro dios conviviera en el mismo lugar donde era adorado el Dios de Israel.

Hay muchas personas y cosas en las que podemos depositar nuestra esperanza. El pueblo de Israel cambiaba constantemente la razón de su esperanza y, en vez de descansar en Dios y adorarlo solo a Él,

> La idolatría impide el disfrute de la gloria de Dios, no te permite crecer en su presencia y adormece toda señal espiritual. La idolatría se convierte esencialmente en un ladrón de la gloria que busca quitarle a Dios la gloria que solo Él merece para dársela a alguien o algo más. La idolatría es como una neblina espiritual que no nos permite ver el amor de Cristo por nosotros.

levantaban ídolos. Hoy no somos muy diferentes a ellos. Es posible que no estemos construyendo ídolos de piedra, pero no dejamos de levantar ídolos que ocupan el trono del corazón en la forma de sueños, metas, gustos, trabajo y hasta ministerios, ofendiendo así al Espíritu Santo de la misma manera que lo hizo el pueblo de Israel. Lo cierto es que toda persona o cosa en la que pongamos nuestra esperanza en la tierra morirá y terminará en algún momento. Por eso la verdadera esperanza de gloria solamente puede venir de Cristo Jesús, aquel que es el mismo ayer, hoy y por siempre.

> Lo cierto es que toda persona o cosa en la que pongamos nuestra esperanza en la tierra morirá y terminará en algún momento. Por eso la verdadera esperanza de gloria solamente puede venir de Cristo Jesús, aquel que es el mismo ayer, hoy y por siempre.

Dios es celoso de tu corazón porque te ama con un amor incomprensible, tan profundo y también real que te dice que te quiere completamente para Él. Pero la razón principal para el celo de Dios no somos nosotros, sino Él mismo. Fuimos creados para su gloria, para glorificar su nombre y disfrutar de su gloria, tal como lo expresa el profeta Isaías:

Traigan a todo el que me reconoce como su Dios, porque yo los he creado para mi gloria. Fui yo quien los formé. (Isaías 43:7, NTV)

Esta verdad de que Dios nos creó para su gloria puede hacerles pensar a muchos que Dios es egoísta al querer buscar su propia gloria, pero esta apreciación equivocada se debe al concepto contaminado que tenemos del amor. Por ejemplo, consideremos las palabras inspiradas de Isaías:

> Por amor a Mi nombre contengo Mi ira, y *para* Mi alabanza *la* reprimo contra ti a fin de no destruirte. Pues te he purificado, pero no como a plata; te he probado en el crisol de la aflicción. Por amor Mío, por amor Mío, lo haré, porque ¿cómo podría ser profanado *Mi nombre*? Mi gloria, pues, no la daré a otro. (Isaías 48:9-11)

Si intentas comparar el amor de Dios con el tipo de amor que el mundo ofrece, obviamente malinterpretarás este texto. La cultura contemporánea señala que el amor es hacer sentir bien a la otra persona, levantar su autoestima, darle lo que pida y satisfacer sus gustos y deseos. Sin embargo, eso no se considera como amor en la Palabra de Dios. El amor bíblico no es hacer sentir mejor a alguien, sino hacer lo que es mejor para esa persona, lo cual puede implicar no darle lo que pueda desear. En su libro *No desperdicies tu vida*, John Piper lo explica muy bien:

> Muchas personas no se sienten amadas cuando se les dice que Dios las creó para su gloria. Se sienten utilizadas. Esto es comprensible dada la forma en que el amor ha sido distorsionado casi por completo en nuestro mundo. Para la mayoría de las personas, ser amado es algo importante. Casi todo en nuestra cultura occidental sirve a esta distorsión del amor. Se nos enseña de mil maneras que amar significa aumentar la autoestima de alguien. El amor es ayudar a alguien a sentirse bien

consigo mismo. El amor es darle a alguien un espejo y ayudar a que le guste lo que ve.

Esto no es lo que la Biblia quiere decir con el amor de Dios. El amor es hacer lo que es mejor para alguien. Pero convertirnos en el objeto de nuestros mayores afectos no es lo mejor para nosotros. Es, de hecho, una distracción letal. Fuimos hechos para ver y saborear a Dios, y saboreándolo, para estar supremamente satisfechos y así difundir en todo el mundo el valor de su presencia. No mostrarles a las personas el Dios que todo lo satisface es no amarlas. Hacer que se sientan bien consigo mismas cuando se les hizo para sentirse bien al ver a Dios es como llevar a alguien a los Alpes y encerrarlo en una habitación llena de espejos.[3]

Esta reflexión resulta muy contracultural porque vivimos en un tiempo en el que creemos que nos pertenecemos y podemos hacer con nuestra vida o nuestro cuerpo lo que queramos, pero pensar así es el principio de la ruina humana. Le abrimos la puerta a la destrucción en nuestra vida desde el momento en que creemos que somos nuestros propios dueños. Pero no pensemos que esto es nuevo. Desde el mismo principio en Génesis podemos ver que esa ha sido siempre la estrategia del enemigo, hacernos creer que podemos hacer lo que nos venga en gana, que nos pertenecemos y somos nuestros propios dioses. Sucedieron varias cosas en el Edén antes de que la mujer cediera a la tentación de Satanás y comiera del fruto prohibido. El enemigo siempre trabaja de esa forma al no llevarnos directo a pecar, sino que utiliza un proceso lento que nos va metiendo sin darnos cuenta en la trampa del pecado.

Lo primero que el diablo hace en el Edén es poner en duda la verdad al cuestionar lo que Dios ya había determinado con claridad: «Y dijo a la mujer: "¿Conque Dios les ha dicho: 'No comerán de ningún árbol del huerto'?"» (Génesis 3:1). El enemigo sigue haciendo lo mismo en esta generación al cuestionar la verdad de Dios. Una vez que consigue hacernos dudar nos podrá ofrecer una alternativa. El enemigo siempre te llevará a cuestionar la verdad: «¿Por qué esta es la verdad? ¿Por qué tienes que obedecer? ¿Por qué no puedes decidir lo que quieres? ¿Por qué Dios dijo eso?».

La serpiente cuestionó la verdad de Dios y sembró la duda en el corazón de Eva. Sin embargo, más allá de la duda, lo que buscaba sembrar era la rebeldía y el orgullo. Por eso le dice a la mujer con respecto a la prohibición de comer el fruto prohibido: «Ciertamente no morirán. Pues Dios sabe que el día que de él coman, se les abrirán los ojos y ustedes serán como Dios, conociendo el bien y el mal» (Génesis 3:4-5). Primero plantó la duda y ahora siembra la mentira al asegurar que no morirán.

El enemigo siempre disfraza las mentiras con un poco de verdad para que podamos caer en su trampa. La mentira del enemigo en el Edén tenía un propósito, el cual era sembrar el orgullo en la mujer y llevarla a querer ser como Dios, el mismo pecado que lo llevó a ser expulsado de la presencia del Señor. Satanás sabía que, si los llevaba a querer ser iguales a Dios, también serían expulsados de la presencia de Dios. Ese es el objetivo principal de Satanás.

El celo de Dios por su gloria es un tema constante en toda la Biblia. Él no comparte su gloria con nadie porque, en primer lugar, solo Él es digno y solo Él es santo. Nadie más pudiera llevar su gloria ni la merece. En segundo lugar, porque no fuimos creados para portar nuestra propia gloria, sino para reflejar

> **El enemigo siempre disfraza las mentiras con un poco de verdad para que podamos caer en su trampa.**

la gloria de Dios. En tercer lugar, Dios asegura: «Por amor a Mi nombre contengo Mi ira, y para Mi alabanza la reprimo contra ti a fin de no destruirte», ya que claramente nos ama y preservar su gloria es lo mejor para nosotros, porque no hay mejor lugar donde podamos estar que en su gloria.

Por lo tanto, debemos evitar ser ladrones de gloria porque en la actualidad cada uno busca su propia gloria, fama y exaltación, lo que nos lleva a practicar y promover todo tipo de males. Sin embargo, cuando entendemos que nadie jamás podrá robarle a Dios su gloria y que fuimos creados para darle gloria y disfrutar de Él, entonces empezamos a vivir una vida llena de gozo y una esperanza de gloria inquebrantable. Al amarse a sí mismo y amar su gloria, Dios nos está amando a nosotros. Juan el Bautista entendió esta verdad cuando dijo:

> **Al amarse a sí mismo y amar su gloria, Dios nos está amando a nosotros.**

Es necesario que Él crezca, y que yo disminuya. El que procede de arriba está por encima de todos; el que es de la tierra, procede de la tierra y de la tierra habla. El que procede del cielo está sobre todos. (Juan 3:30-31)

Ahora Dios nos ama con un celo mayor porque su propio Espíritu Santo mora en nuestro interior y por eso entristecemos a su Espíritu Santo cada vez que levantamos ídolos y adoramos a otros dioses.

¿O piensan que la Escritura dice en vano: «Dios celosamente anhela el Espíritu que ha hecho morar en nosotros»? (Santiago 4:5)

Podemos hacer una analogía con la realidad del matrimonio. ¿Qué es lo que hace al matrimonio tan especial? ¿Qué es lo que hace que una boda sea tan única? Creo que se debe a que dos personas se comprometen públicamente a reservarse por completo mutuamente, dejando a un lado a cualquier otra persona. El hombre se compromete a ser completamente de su mujer y viceversa. La fidelidad es lo que hace tan especial al matrimonio. Es triste ver que la cultura contemporánea valora cada vez menos la fidelidad y el compromiso y por eso se ha perdido el sentido del matrimonio. Ya no se cree que uno va a estar con otra persona durante toda la vida y, por consiguiente, ya no se quiere enfrentar el peso del compromiso.

Sin embargo, Dios está justamente buscando, mejor dicho, lo que siempre buscó desde el principio de la creación es seres humanos que sean completamente suyos. Dios no está buscando personas infalibles, perfectas o que nunca falten a la iglesia, sino corazones que sean completamente suyos, es decir, que estén plenamente comprometidos y rendidos a Él.

> Dios no está buscando personas infalibles, perfectas o que nunca falten a la iglesia, sino corazones que sean completamente suyos, es decir, que estén plenamente comprometidos y rendidos a Él.

Porque los ojos del SEÑOR recorren toda la tierra para fortalecer a aquellos cuyo corazón es completamente Suyo. (2 Crónicas 16:9)

Dios apoya y fortalece a los que son suyos y que, aunque tienen cosas que cambiar y mejorar, acuden a Él en busca de salvación y seguridad. Él es nuestro refugio. En momentos difíciles uno siempre recurre a lo que considera que le ofrece seguridad y paz. Te darás cuenta de que tu corazón es completamente de Dios si vas a Él cuando estás en una situación difícil y delicada.

Como les he dicho, no hay nada que me produzca mayor placer y emoción que ver cuando mi hijo se refugia en mí, cuando lo alzo y deja de llorar, me agarra fuerte y se siente seguro. De la misma manera, no hay nada que traiga más gloria a Dios que cuando acudimos a Él y encontramos refugio. Habrá ocasiones en que mi hijo no entenderá las decisiones que sus padres toman para cuidarlo. Es posible que, por su nivel de conocimiento y experiencia, no tengan sentido y hasta pueda enojarse por nuestras decisiones, pero nosotros como padres vemos y sabemos más que él y solo buscamos su bienestar. Con Dios sucede lo mismo. Habrá momentos en que no entenderemos por qué Él permite ciertas cosas en nuestra vida, la razón para enfrentar determinada situación, pero aun sin entenderlo debemos abrazar su soberanía, porque Él tiene un mayor conocimiento y nos ama.

> Dios apoya y fortalece a los que son suyos y que, aunque tienen cosas que cambiar y mejorar, acuden a Él en busca de salvación y seguridad.

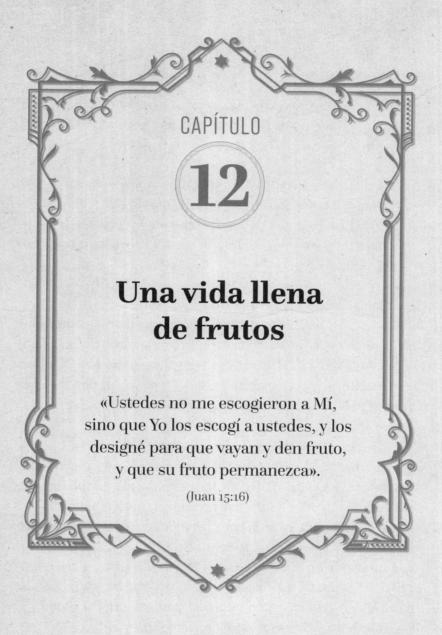

Una vida llena de frutos

«Ustedes no me escogieron a Mí,
sino que Yo los escogí a ustedes, y los
designé para que vayan y den fruto,
y que su fruto permanezca».

(Juan 15:16)

D IOS CREÓ LOS CIELOS y la tierra y fue muy claro a
la hora de darle una orden al hombre:

Dios los bendijo y les dijo: «Sean fecundos y multiplí-
quense. Llenen la tierra y sométanla. Ejerzan dominio sobre los peces del mar, sobre las aves del cielo y
sobre todo ser viviente que se mueve sobre la tierra».
(Génesis 1:28)

Él nos mandó a dar frutos. La mejor manera que Adán y Eva
tenían para glorificar a Dios era siendo fructíferos y multipli-
cándose sobre la tierra. Todo ser humano sigue recibiendo esa
orden de parte de Dios hasta hoy. Es hermoso saber que Dios nos
creó a su imagen y semejanza, y nos dio el privilegio de construir
y crear. El hombre y la mujer fueron diseñados para dar frutos,
crecer, formar, crear, diseñar y construir.

El tema principal de este libro es vivir glorificando a Dios en
todo momento. He dicho que algunas formas de glorificarlo son
buscándolo en la intimidad y conociéndolo, así como también
disfrutando de Él. La Biblia menciona claramente que dando
frutos es otra manera en la que podemos glorificar a Dios. Jesús
lo afirmó con precisión: «En esto es glorificado Mi Padre, en que
den mucho fruto, y *así* prueben que son Mis discípulos» (Juan
15:8). De seguro te estás haciendo estas preguntas: ¿qué significa
dar muchos frutos? ¿A qué tipo de frutos se refería Jesús? ¿Y
cómo podemos vivir vidas que den frutos?

Jesús declaró: «Yo te glorifiqué en la tierra, habiendo terminado la obra que me diste que hiciera» (Juan 17:4). Él pudo decir que glorificó a Dios porque cumplió la tarea que el Padre le había dado. Todos fuimos creados con un propósito, sin importar cómo fuimos concebidos, ya sea que hayamos sido planeados o no por nuestros padres. Algunos creen que son producto de un accidente, pero para Dios no existen los accidentes. Dios sabía desde el principio que tú vivirías y por eso te dio dones, talentos y por sobre todo un propósito. Ese propósito es el motor de nuestra vida y no hay mayor fruto que cumplir el propósito para el que fuimos creados por Dios. Pero si no sabemos cuál es nuestro propósito, ¿cómo vamos a decir: «Padre, te he glorificado en la tierra, habiendo terminado la obra que me diste que hiciera»?

El problema radica en que cuando uno se pregunta sobre el propósito, la respuesta se vuelve un tanto mística, difícil y muchos se frustran por no encontrarla. Esto debería ser todo lo contrario. Conocer y vivir tu propósito debería ser una transición sutil, casi como cumplir el propósito sin darte cuenta. Sin embargo, para lograrlo debemos asegurarnos de estar en el lugar correcto, entendiendo que el primer paso para cumplir el propósito que Dios nos dio es estar cerca de Él.

Todos los seres humanos reciben sin distinción dones al nacer. No obstante, algunos son más evidentes y reconocibles, como para el deporte, los negocios o las artes. Es importante aclarar que usar nuestro don no quiere decir que estemos cumpliendo el propósito de Dios para nuestra vida. Dios pudo darnos determinadas destrezas, pero las preguntas clave son: ¿lo que estamos haciendo con esas destrezas le trae gloria a su nombre o al nuestro? ¿Estoy usando este don en el lugar, el momento y la manera correcta?

Aun los exitosos se sienten vacíos al alcanzar la cima de la montaña porque el éxito terrenal no es lo mismo que el éxito celestial. Por lo tanto, podemos hacernos la siguiente pregunta si queremos saber si el propósito por el que nos estamos esforzando es el que Dios tenía planeado para nosotros: «¿Lo que estoy haciendo está extendiendo el reino de Dios en la tierra?». Sin importar cuál sea nuestra actividad como doctor, ingeniero, abogado, empresario, deportista, pastor, arquitecto, diseñador o político, nuestro primer y gran propósito es extender el reino de Dios y su justicia en la tierra.

Jesús dijo: «Pero busquen primero Su reino y Su justicia, y todas estas cosas les serán añadidas» (Mateo 6:33). Uno de los significados de la palabra griega traducida como «busquen» es *procurar*. Cuando procuramos establecer el reino de Dios, sus ideas, sus sueños, su amor y su justicia aquí en la tierra, Él se encarga de ir guiándonos hacia el propósito para el cual nos creó.

Cumplir nuestro propósito y vivir vidas llenas de fruto debe ser algo que brote naturalmente de nuestras acciones. Los frutos de un árbol son la consecuencia de un sistema de raíces sano que le permite estar arraigado a la tierra y experimentar el crecimiento hacia la madurez que lo lleva a dar fruto como parte de un proceso natural. Muchos quieren vivir su propósito sin antes estar arraigados a la tierra, sin haber extendido sus raíces ni haber madurado.

> Cuando procuramos establecer el reino de Dios, sus ideas, sus sueños, su amor y su justicia aquí en la tierra, Él se encarga de ir guiándonos hacia el propósito para el cual nos creó.

Antes de que Jesús señalara que el Padre es glorificado cuando damos muchos frutos, ya había dicho varias veces: «Permanezcan en Mí», mientras enseñaba que Él es la vid y nosotros las ramas (Juan 15). Muchos no podemos ser constantes y estables en nuestra vida y no vemos frutos porque no estamos permaneciendo unidos a Jesús, la vid verdadera. Sea cual sea nuestro propósito, todo fructifica cuando aprendemos a permanecer en Jesús. Con esto no me refiero a vivir sin pecado o errores, como si eso fuera únicamente lo que significa permanecer en Él. Mientras estemos en esta tierra no podemos pretender vivir una vida sin equivocaciones y libres del pecado.

> Sea cual sea nuestro propósito, todo fructifica cuando aprendemos a permanecer en Jesús.

Por el contrario, como hablamos en capítulos anteriores, permanecer en Jesús es mantenernos contemplándolo día tras día, considerando sus palabras, belleza, planes y su persona a través de una vida de devoción y relación íntima. Nuestros frutos serán la consecuencia de una vida rendida que permanece en Jesús, es decir, que recuerda continuamente sus promesas y sus palabras, confía en ellas y las vive. Solemos decir que creemos verdades en las que no confiamos y por eso no las experimentamos. Lo peor que nos puede suceder es creer sin confiar. Por ejemplo, todo el mundo puede tener un conocimiento intelectual del sacrificio de Jesús y el amor de Dios, pero no todos tienen ese conocimiento arraigado en el corazón. Eso es algo que solo logra el Espíritu Santo en nosotros. Por eso, otra manera de permanecer en Jesús es permitiendo que el Espíritu Santo nos recuerde las verdades de Dios sobre nosotros. Dios dijo por medio del profeta Jeremías:

Bendito es el hombre que confía en el Señor, cuya confianza es el Señor. Será como árbol plantado junto al agua, que extiende sus raíces junto a la corriente; no temerá cuando venga el calor, y sus hojas estarán verdes; en año de sequía no se angustiará ni cesará de dar fruto. (Jeremías 17:7-8)

Nuestra confianza en Dios y la seguridad que tenga nuestro espíritu de las verdades que Él nos ha declarado son la base para una vida llena de frutos. En la Biblia se describen dos tipos de frutos. Las Escrituras hablan del fruto del Espíritu y también del fruto producido al ir a hacer discípulos y ganarlos para Cristo. Es usual que pensemos en los frutos para Dios como buenas obras, predicar, ganar personas para Jesús, servir o evangelizar. Esto es correcto y lo deberíamos hacer, pero antes de producir este tipo de frutos debemos asegurarnos primero de que esté siendo formado en nosotros el fruto del Espíritu: «amor, gozo, paz, paciencia, benignidad, bondad, fidelidad, mansedumbre, dominio propio» (Gálatas 5:22). De seguro te has dado cuenta de que todas estas virtudes están relacionadas con nuestro carácter y comportamiento, apuntando directamente a lo que somos como personas.

El fruto del Espíritu hace que nuestra predicación de Jesús sea efectiva y eterna. Antes de predicar a Jesús con nuestra boca tenemos que asegurarnos de que nuestro carácter y nuestra manera de vivir, hablar, caminar y responder reflejen al Cristo que predicamos. Las personas van a observarnos antes de escucharnos. Cualquiera puede predicar con palabras, pero predicar con el ejemplo y la vida solamente es posible para los que han sido formados por el Espíritu Santo. Por ejemplo, ¿cómo predicaremos de Jesús si no tenemos en nuestra vida el primer fruto del Espíritu, que es el amor? Podríamos predicar de Jesús sin amar, pero entonces estaríamos predicando de un amor que no tenemos, de un Salvador que no conocemos y de una paz que no hemos recibido. Seguramente has oído esta frase que viene al caso en este momento: «Predica el evangelio en todo momento, y cuando sea necesario, utiliza las palabras».

Jesús dijo que debíamos dar un fruto que permanezca. Siempre me llamó la atención un pasaje que ya cité anteriormente:

> El trabajo de cada cual se verá claramente en el día del juicio; porque ese día vendrá con fuego, y el fuego probará la clase de trabajo que cada uno haya hecho. Si lo que uno construyó es resistente, recibirá su pago; pero si lo que construyó llega a quemarse, perderá su trabajo, aunque él mismo logrará salvarse como quien escapa del fuego. (1 Corintios 3:13-15, DHH)

Todas nuestras obras serán probadas por el fuego al final de los tiempos. Entonces se conocerán las intenciones y la motivación detrás de todos nuestros actos. Creo que las obras que permanecerán serán aquellas personas que ganamos y discipulamos para Cristo al ser impulsados por el fruto del Espíritu en nuestra vida. Esas son las obras que perdurarán, las obras de oro, plata y piedras preciosas, o sea, las obras que nacieron desde un corazón puro y genuino. Pero al mismo tiempo, la obras que hemos hecho o a las personas que les hemos predicado sin tener el fruto del Espíritu Santo en nuestras vidas (o sea, sin amor,

> Creo que las obras que permanecerán serán aquellas personas que ganamos y discipulamos para Cristo al ser impulsados por el fruto del Espíritu en nuestra vida.

bondad, mansedumbre, gozo) serán las obras que son consumidas por el fuego, las obras de madera, heno y paja.

Jesús no solo nos llamó a dar frutos, sino *frutos que permanezcan*, que no se desvanezcan. La única forma de producir esos frutos es siendo impulsados por el fruto del Espíritu Santo en nuestra vida. El fruto del Espíritu Santo solo puede ser producido en nosotros cuando le rendimos por completo nuestro corazón a Jesús y tenemos una vida de comunión con el Espíritu Santo, es decir, vivimos por el Espíritu. Es importante recordar que este fruto será producido *todos* los días de nuestra existencia hasta el último día sobre esta tierra. No obstante, podremos dar fruto para Dios en la medida en que estemos siendo formados por el Espíritu y nuestras motivaciones y las razones por las que queremos ser fructíferos vayan siendo cambiadas. Este otro fruto consiste en amar al prójimo, predicar el evangelio de Cristo Jesús y hacer discípulos hasta los confines de la tierra.

El Padre es glorificado cuando damos mucho fruto y Jesús nos explica cuál es ese fruto:

Un mandamiento nuevo les doy: «que se amen los unos a los otros»; que como Yo los he amado, así también se amen los unos a los otros. En esto conocerán todos que son Mis discípulos, si se tienen amor los unos a los otros. (Juan 13:34-35)

Más frutos daremos para la gloria de Dios mientras más amemos. Vivir una vida fructífera para Jesús significa amar a mi prójimo todos los días de mi vida. Además, amar a mi prójimo es preocuparme por su salvación, así como lo hago por la mía. El mundo está desesperadamente necesitado de amor, pero de uno genuino y verdadero. Ya dije que amar no es hacer sentir mejor a alguien, levantar su autoestima o apoyar cualquier cosa que esa persona desee. Por el contrario, amar es hacer lo que es mejor para esa persona, darle lo que necesita por sobre lo que desea. Lo que esta generación necesita desesperadamente es la verdad de Dios. Fuimos llamados a anunciar las verdades de Dios, la buena noticia de que ya no hay condenación para aquellos que creen.

Toda persona que tiene un verdadero encuentro con la verdad de Dios no se siente rechazada ni discriminada, sino amada, comprendida y bienvenida. Los seres humanos necesitan que prediquemos la verdad de Dios con amor y compasión porque solo esa verdad los hará libres.

> Vivir una vida fructífera para Jesús significa amar a mi prójimo todos los días de mi vida. Además, amar a mi prójimo es preocuparme por su salvación, así como lo hago por la mía.

Y conocerán la verdad, y la verdad los hará libres. (Juan 8:32)

Hace un tiempo mi esposa y yo decidimos plantar unos pinos en el patio de nuestra casa. Pasó un tiempo y empezamos a notar que dos de los árboles que plantamos estaban más pálidos que el resto, les faltaba color y sus hojas empezaron a caerse. Se fueron tornando cada vez más amarillos hasta que esos dos árboles (de los seis que plantamos) quedaron sin vida y secos. Hicimos todo lo posible para revivirlos, llamamos a la compañía que los sembró para explicarles lo que había sucedido, y como tenían garantía, vinieron y remplazaron los dos árboles muertos.

Salí al patio a ver los dos pinos nuevos. Estaban lindos, robustos, altos y verdes, tanto que, al compararlos con los otros cuatro ya plantados, noté que los nuevos que trajeron frescos del vivero tenían un color verde más fuerte y sus hojas parecían tener más vida que las de los otros cuatro que pensábamos que estaban normales y sanos. En ese mismo instante fue como oír la voz de Dios diciéndome: «Lo que para ti era sano y normal, no lo era realmente». Solo me estaba fijando en los árboles cuya muerte era evidente, pero no me había dado cuenta de que también estaban sufriendo los otros que para mí lucían sanos y fuertes. Los jardineros me explicaron que los árboles necesitaban más agua de la que les estábamos suministrando y por eso su color no era como el de los reemplazos.

> De la misma manera, si no estamos constantemente fijando nuestros ojos en Jesús y su gloria, podemos caer en una verdad distorsionada que pronto se puede convertir en una mentira que terminaremos creyendo.

Con demasiada facilidad podemos caer en una falsa realidad al creer que todo está bien y hasta «normal», pero cuando somos expuestos a lo verdadero, lo puro y la gloria de Dios, nos damos cuenta de cuán equivocados estábamos. Nuestros «verdes» no suelen ser el «verde» de Dios. El problema radica en que no estamos siendo expuestos a la verdad de Dios y por eso, al no tener punto de comparación, empezamos a crear nuestra propia verdad que poco a poco va distorsionando el plan divino original.

Cuando observas a un artista creando una pintura te darás

cuenta de que constantemente está mirando a la persona, el paisaje o el objeto que intenta copiar. Si lo deja de observar repetidamente puede pintar un cuadro que distorsione la realidad. De la misma manera, si no estamos constantemente fijando nuestros ojos en Jesús y su gloria, podemos caer en una verdad distorsionada que pronto se puede convertir en una mentira que terminaremos creyendo. No hay peor condenación que vivir creyendo una mentira. Esta está relacionada con los frutos porque es imposible que un árbol produzca frutos si no está en su máximo potencial, bien plantado, regado y alimentado. Pregúntate hoy mismo:

¿Será mi «verde» el «verde de Dios»?

Las personas suelen pensar que viven una vida «normal» cuando, en realidad, su vida no tiene nada de normal. Por ejemplo, muchos piensan que es inevitable sufrir de crisis de ansiedad o ataques de pánico porque se considera que es algo completamente normal. Suponen que es una nueva realidad, pero lo cierto es que no es verdad porque Cristo vino para darnos vida y vida en abundancia. Sin embargo, no debemos olvidar que la labor del enemigo es distorsionar verdades e introducir mentiras a las que denomina nuevas realidades o nueva moda.

Es posible que enfrentemos momentos de depresión, tristeza, dolor, ansiedad y miedo al futuro, pero una cosa es pasar un momento de tristeza por alguna circunstancia y otra es vivir con un espíritu de depresión sin motivo. Tampoco estoy diciendo que todos estos males tienen una causa espiritual. Las causas detrás de la depresión, la ansiedad, el pánico y los temores se remontan a problemas que deben ser atendidos por profesionales. No obstante, también quisiera aclarar que no porque estés triste asegures que sufres de depresión, ni porque estés ansioso por alguna situación afirmes que padeces de ansiedad. El enemigo siempre ha buscado que te identifiques con tu sufrimiento y lo conviertas en tu identidad.

> El enemigo siempre ha buscado que te identifiques con tu sufrimiento y lo conviertas en tu identidad.

Una de las victorias más espectaculares de la Biblia es la del profeta Elías sobre los profetas de Baal cuando clama a Dios para que descienda fuego del cielo y queme el holocausto que estaba sobre el altar:

> En ese momento, Dios mandó fuego, y quemó el toro, la leña y hasta las piedras y el polvo. ¡También el agua que estaba en la zanja se evaporó! Cuando todo el pueblo vio eso, se inclinó hasta tocar el suelo con su frente y dijo: «¡El Dios de Israel es el Dios verdadero! ¡Él es el Dios verdadero»! (1 Reyes 18:38-39, TLA)

Presenciar semejante demostración de Dios debió ser impresionante. Sin embargo, poco después sucede algo inesperado. Cuando Jezabel, la esposa pagana del rey Acab, se enteró de lo sucedido y la muerte de los profetas de Baal, mandó un mensaje a Elías: «Te voy a matar como tú hiciste con los profetas de Baal. Si mañana a esta hora no estás muerto, que los dioses me maten a mí» (1 Reyes 19:2, TLA). A pesar de haber obtenido esa victoria tan grande, Elías tuvo miedo al escuchar la amenaza:

> Cuando Elías supo esto, se asustó tanto que huyó a Beerseba, en el territorio de Judá. Dejó a su ayudante en Jezreel y anduvo por un día en el desierto. Después se sentó debajo de un arbusto, y estaba tan triste que se

quería morir. Le decía a Dios: «¡Dios, ya no aguanto más! Quítame la vida, pues no soy mejor que mis antepasados». (1 Reyes 19:3-4, TLA)

Pasó de una de las victorias más grandes de su vida a pedirle a Dios que le quitara la vida. Este cambio tan grande no fue porque sufriera de bipolaridad o depresión, sino debido a que tuvo demasiadas presiones juntas: la frustración al ser el único profeta vivo de Israel, la tristeza de que el pueblo se hubiera apartado del Señor, la presión de obedecer a Dios, el cansancio físico por el conflicto con los muchos profetas de Baal y la inanición por falta de alimentos. Incluso Dios se preocupó por su debilidad física: «Después se acostó debajo del arbusto y se quedó dormido. Al rato un ángel lo tocó y le dijo: "Levántate y come"» (v. 5, TLA). La acumulación de todas estas situaciones difíciles fue lo que lo llevó a pedirle a Dios que le quitara la vida. Por lo tanto, cuando estemos pasando por situaciones difíciles y veamos que quieren atacarnos la depresión, la ansiedad o el pánico, es bueno analizar nuestra vida y empezar a contar todas las cosas que se han ido acumulando e ir entregándoselas a Dios.

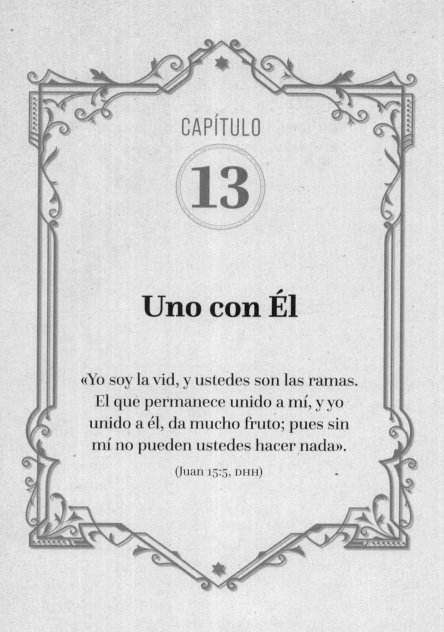

CAPÍTULO

13

Uno con Él

«Yo soy la vid, y ustedes son las ramas.
El que permanece unido a mí, y yo
unido a él, da mucho fruto; pues sin
mí no pueden ustedes hacer nada».

(Juan 15:5, DHH)

U NA DE LAS VERDADES más profundas que debemos conocer y entender es nuestra unidad con Jesús. Jesús vino para realizar una obra de restauración de la unidad entre el ser humano y Dios. Jesús no vino solamente para estar con nosotros, sino para estar en nosotros y nosotros en Él. Las enseñanzas de Jesús hacían referencia constante a esta unidad. Por ejemplo, utilizando la ilustración de relación entre una vid y sus ramas:

> Sigan unidos a mí, como yo sigo unido a ustedes. Una rama no puede dar uvas de sí misma, si no está unida a la vid; de igual manera, ustedes no pueden dar fruto, si no permanecen unidos a mí. (Juan 15:4, DHH)

El apóstol Pablo también vuelve a ejemplificarla comparando la unidad del pueblo de Dios con Jesús con la que existe entre las diferentes partes del cuerpo:

> Porque así como el cuerpo es uno, y tiene muchos miembros, pero, todos los miembros del cuerpo, aunque son muchos, constituyen un solo cuerpo, así también es Cristo. Pues por un mismo Espíritu todos fuimos bautizados en un solo cuerpo, ya judíos o griegos, ya esclavos o libres. A todos se nos dio a beber del mismo Espíritu. (1 Corintios 12:12-13)

Es importante entender la profundidad de esta unidad. Esta unidad fue lo que se perdió en el Edén. Perdimos esa preciosa unidad con la Trinidad, el privilegio de ser uno con Dios y estar unidos a Él. El Espíritu Santo viene a vivir en nosotros y nos hace uno con Cristo cuando una persona se rinde a Jesús y le da vida de nuevo. Entonces recibimos el *ruaj* de Dios, un término hebreo que significa aliento, viento o espíritu. La historia ya es completamente diferente para el que está en Cristo, pues ahora ya somos salvos, no por algo que hayamos hecho, ganado o porque ahora seamos perfectos, sino porque Cristo nos redimió, perdonó nuestros pecados por su obra en la cruz y ahora está en nosotros y nosotros en Él. Jesús dijo que separados de Él nada podemos hacer y es una realidad que no podemos cambiar (Juan 15:5). Separados de Jesús no somos nada y no podemos lograr nada, porque Él es la vida, la verdad y el camino. Ahora podemos presentarnos sin temor delante de Dios a través de Cristo ya que cuando Dios nos mira, no nos ve a nosotros directamente, sino que ve a Cristo en nosotros. Pablo dice: «Porque ustedes han muerto, y su vida está escondida con Cristo en Dios» (Colosenses 3:3). Nuestras vidas son transformadas cuando entendemos la profundidad de nuestra unidad con Jesús.

¡Somos uno con Él!

El apóstol Pablo entendió esta verdad maravillosa cuando escribió:

> Nuestras vidas son transformadas cuando entendemos la profundidad de nuestra unidad con Jesús.

En realidad, también yo he muerto en la cruz, junto con Jesucristo. Y ya no soy yo el que vive, sino que es Jesucristo el que vive en mí. Y ahora vivo gracias a mi confianza en el Hijo de Dios, porque él me amó y quiso morir para salvarme. (Gálatas 2:20, TLA)

Esta verdad debe traer mucha paz y seguridad a nuestros corazones porque ahora entendemos que no depende de nosotros, sino de Cristo en nosotros. No es con nuestra fuerza, sino con la de Él. Cuando fallamos, el que está en nosotros nos levanta y nos da gracia. Cuando erramos, Él nos redirecciona.

Trae paz a mi corazón saber que Dios me mira con agrado y amor porque ve a Cristo a través de mí. Hoy podemos tener a Cristo en nuestro corazón y ser uno con Él. Este es el tesoro más valioso que recibimos en Jesús por pura gracia: «Y si somos hijos, somos también herederos; herederos de Dios y coherederos con Cristo, si en verdad padecemos con *Él* a fin de que también seamos glorificados con *Él*» (Romanos 8:17).

¿Sabes lo que significa ser coheredero con Cristo?

Que todo lo que le pertenece a Él lo comparte contigo y lo pone a tu disposición: la vida eterna, la gloria de Dios, la presencia de Dios, la santidad, el reino de Dios y la identidad como hijo.

Jesús comparte todo con nosotros. Por lo tanto, no hay mayor paz que el poder entender que ya no vivo yo, sino Cristo vive en mí:

Pero cuando vino la plenitud del tiempo, Dios envió a Su Hijo, nacido de mujer, nacido bajo *la* ley, a fin de que redimiera a los que estaban bajo *la* ley, para que recibiéramos la adopción de hijos. Y porque ustedes son hijos, Dios ha enviado el Espíritu de Su Hijo a nuestros corazones, clamando: «¡Abba! ¡Padre!». Por tanto, ya no eres siervo, sino hijo; y si hijo, también heredero por medio de Dios. (Gálatas 4:4)

Puede resultar difícil asimilar por completo la verdad de que somos uno con Él. Hay verdades bíblicas que Dios no pretende que comprendamos por completo, sino solo desea que las creamos y abracemos por fe. Jesús se refirió a esa realidad cuando dijo: «Un poco más de tiempo y el mundo no me verá más, pero ustedes me verán; porque Yo vivo, ustedes también vivirán. En ese día conocerán que Yo estoy en Mi Padre, y ustedes en Mí y Yo en ustedes» (Juan 14:19-20).

Dios nos dejó al Espíritu Santo para que atestigüe a nuestros espíritus que somos uno con Él. La belleza del actuar del Espíritu Santo radica en que asegura a nuestros espíritus las verdades eternas de Dios: «El Espíritu mismo da testimonio a nuestro espíritu de que somos hijos de Dios» (Romanos 8:16).

Jesús se hace uno con nosotros para que cada día nos vayamos pareciendo más a Él, pero para que podamos parecernos a Jesús, primero Él debía venir a morir por nuestros pecados y luego volver junto al Padre. Luego vendría el Espíritu Santo a vivir en nuestro interior, pues Él es quien forma el corazón de Cristo en nosotros y nos va transformado a su imagen y semejanza. Es el Espíritu Santo quien produce su fruto en nuestra vida. El Espíritu Santo ha

> Luego vendría el Espíritu Santo a vivir en nuestro interior, pues Él es quien forma el corazón de Cristo en nosotros y nos va transformado a su imagen y semejanza.

revelado a mi corazón una de las verdades más profundas y hermosas en estos versículos:

> Vengan a Mí, todos los que están cansados y cargados, y Yo los haré descansar. Tomen Mi yugo sobre ustedes y aprendan de Mí, que Yo soy manso y humilde de corazón, y HALLARÁN DESCANSO PARA SUS ALMAS. Porque Mi yugo es fácil y Mi carga ligera. (Mateo 11:28-30)

Hay tres puntos clave que han ministrado mucho a mi corazón en este pasaje. Uno de ellos está estrechamente relacionado con el tema de morir al yo.

1. «Vengan a Mí».

Jesús hace esta increíble invitación a todos los que estaban escuchándole. Su auditorio estaba compuesto por personas que se hallaban bajo mucha presión religiosa legalista de parte de los fariseos, quienes los obligaban a guardar cientos de mandamientos. La gente que escuchaba en ese momento a Jesús estaba exhausta y sin esperanza de poder agradar a Dios al cumplir todas esas ordenanzas. Por eso Jesús empieza diciendo que fueran a Él todos los que estaban cansados y cargados porque Él les daría descanso.

Muchos de nosotros no estamos presionados a guardar cientos de mandamientos, pero aun así experimentamos ese cansancio espiritual, la fatiga del alma. Es probable que lleves el peso de tu familia, trabajo, hijos o incluso que tu propia vida sea pesada. Todas nuestras responsabilidades pueden convertirse en una carga que nos aplasta. No tienes que guardar hoy cientos de mandamientos, pero tu relación con Dios se ha vuelto una obligación y ahora leer la Biblia y orar ya no son un deleite, sino solo una responsabilidad más. Asistir a la iglesia es otra tarea adicional y todo eso nos va cansando hasta que llega el momento en que explotamos. Nuestra relación con Dios nunca debería ser cansadora ni agotadora. Si nuestra relación con Dios nos cansa y resulta pesada es porque no hemos dejado todas nuestras cargas a los pies de Cristo ni hemos aprendido a venir a Él y descansar en su presencia. Es probable que tengamos una idea de Dios incorrecta y una imagen distorsionada del evangelio.

Seguir a Jesús es gratuito, pero te costará todo. Cuando entendemos el evangelio, este costo se vuelve un tesoro, un trofeo y un placer, no una carga, un peso y mucho menos un desánimo. Por ejemplo, un deportista compite por un trofeo que le cuesta tiempo, energía, sacrificios y dolores. Sin embargo, el trofeo constituye una alegría y una celebración cuando se obtiene porque el costo valió la pena. Nos cuesta seguir a Jesús y nos cansa porque todavía no entendimos el valor y la hermosura de nuestra unidad con Él. El apóstol Pablo lo entendió cuando dijo:

> Si nuestra relación con Dios nos cansa y resulta pesada es porque no hemos dejado todas nuestras cargas a los pies de Cristo ni hemos aprendido a venir a Él y descansar en su presencia.

> Aún más, a nada le concedo valor si lo comparo con el bien supremo de conocer a Cristo Jesús, mi Señor. Por causa de Cristo lo he perdido todo, y todo lo considero basura a cambio de ganarlo a él. (Filipenses 3:8, DHH)

Volvamos a las palabras de Jesús, quien invitó a que vinieran a Él todos los que están cansados y cargados. Entonces, el primer paso es reconocer que estoy cansado. Nunca se sanará el enfermo que no quiere reconocer su mal. No podremos recibir ayuda si no reconocemos nuestra necesidad de descanso y liberación. Este es el primer paso que podríamos llamar «arrepentimiento». Tengo que aclarar una idea equivocada que muchas personas tienen con respecto al arrepentimiento; muchos creen que solo tiene lugar cuando venimos por primera vez delante de Jesús, tenemos una experiencia de conversión y dejamos las cosas viejas. Sin embargo, el arrepentimiento no significa dejar de pecar. La palabra «arrepentimiento» viene de una palabra griega que significa un cambio en la manera en la que pienso.

El mensaje de Jesús al inicio de su ministerio fue: «Arrepiéntanse, porque el reino de los cielos se ha acercado» (Mateo 4:17).

> Nuestros pecados son borrados cuando nos arrepentimos al cambiar nuestra manera de pensar y reconocer que solo podremos ser justificados por la fe en Jesús y que solo Él puede darnos tiempos de alivio.

Debemos ser cuidadosos porque podemos entender ese mensaje como uno de juicio y condenación cuando era todo lo contrario. Era realmente un mensaje de esperanza y salvación ya que el arrepentimiento es un cambio radical en la forma de pensar y actuar. Jesús quería que las personas cambiaran su manera de pensar sobre el reino de Dios, es decir, que no pensaran que era un reino distante que no estaba en medio de ellos. Y luego Jesús busca cambiar su manera de pensar al decirles que el reino de los cielos se ha acercado.

El arrepentimiento es el primer paso para el descanso de

nuestras almas. Es el reconocimiento de nuestra condición como pecadores y el cambio de nuestra manera de pensar, renunciando a nuestra autosuficiencia y aceptando nuestra necesidad de la salvación de Jesús. El apóstol Pedro exhortó al pueblo de Israel diciendo: «Arrepiéntanse y conviértanse, para que sus pecados sean borrados, a fin de que tiempos de alivio vengan de la presencia del Señor (Hechos 3:19). Nuestros pecados son borrados cuando nos arrepentimos al cambiar nuestra manera de pensar y reconocer que solo podremos ser justificados por la fe en Jesús y que solo Él puede darnos tiempos de alivio.

Resulta interesante que la palabra griega que se traduce como «alivio» signifique refrigerio, recuperar el aliento o revivir. No puede haber un tiempo de alivio o de refrigerio sin arrepentimiento previo. El Espíritu Santo nos convence y nos guía al arrepentimiento que nos lleva a un reavivamiento porque sin arrepentimiento no podemos recuperar el aliento. Jesús no nos dará descanso si no venimos a Él. Todo empieza reconociendo y aceptando que necesito descanso para mi alma. No habrá arrepentimiento genuino sin la comprensión de lo que Cristo nos ha salvado, pues primero debemos entender nuestra condenación para glorificar a Dios por nuestra salvación. Sabemos que realmente hemos conocido a Cristo cuando podemos llegar a decir de forma honesta y genuina que para nosotros el vivir es Cristo y el morir es ganancia.

> Sabemos que realmente hemos conocido a Cristo cuando podemos llegar a decir de forma honesta y genuina que para nosotros el vivir es Cristo y el morir es ganancia.

La salvación se puede recibir con facilidad, pero también resulta muy fácil confundirla. El regalo de la salvación es gratis, pero recibirlo nos cuesta todo. Aceptar intelectualmente el plan de salvación de Dios, e incluso creer que es verdad, no significa que conocemos a Jesús. Las puertas del cielo están abiertas, hoy es el día de la salvación, ha llegado el tiempo de la gracia y toda persona que rinde su corazón a Jesús puede experimentar esta gracia y salvación. Jesús no nos pide que cambiemos para acercarnos a Él, tampoco que nos limpiemos antes de venir a Él y mucho menos que nos portemos bien para poder ser salvos. Solo te pide que confíes en Él y le entregues todo, que le rindas tu vida, voluntad, deseos y caminos.

En el libro *Manso y humilde*, Dane Ortlund menciona: «En la eternidad disfrutaremos de la gloria de Dios, pero preguntamos: ¿cómo? La respuesta es: la gloria de Cristo se ve y se disfruta principalmente en su amor hacia los pecadores».[1] Este primer paso de venir a Jesús es donde experimentamos su gracia y su misericordia. Un correcto entendimiento experiencial y personal de la gracia infinita de Jesús cambia para siempre nuestras vidas. Si realmente te has encontrado con la gracia de Cristo nunca más serás el mismo, pero lo que produce el cambio en ti no es tu esfuerzo, sino la poderosa gracia de Jesús obrando en tu vida. Nunca olvides estas palabras:

> Si realmente te has encontrado con la gracia de Cristo nunca más serás el mismo, pero lo que produce el cambio en ti no es tu esfuerzo, sino la poderosa gracia de Jesús obrando en tu vida.

Pero Dios, que es rico en misericordia, por causa del gran amor con que nos amó, aun cuando estábamos muertos en *nuestros* delitos, nos dio vida juntamente con Cristo (por gracia ustedes han sido salvados), y con Él *nos* resucitó y con Él *nos* sentó en los *lugares* celestiales en Cristo Jesús, a fin de poder mostrar en los siglos venideros las sobreabundantes riquezas de *Su* gracia por Su bondad para con nosotros en Cristo Jesús. (Efesios 2:4-7)

Quisiera que consideres las palabras «rico en misericordia». En ningún otro lugar en la Biblia se describe a Dios como rico en algo. Solo se le cataloga a Dios como rico en su misericordia. Entonces, la misericordia de Dios a nuestro favor nunca se acaba. Mientras más nos acerquemos en arrepentimiento y humildad, mayor misericordia recibiremos. El profeta Jeremías pudo tener esperanza en momentos difíciles porque anunciaba:

> **Mientras más nos acerquemos en arrepentimiento y humildad, mayor misericordia recibiremos.**

Las misericordias del Señor jamás terminan, pues nunca fallan Sus bondades; son nuevas cada mañana; ¡grande es Tu fidelidad! (Lamentaciones 3:22-23)

No sé cuántas veces has buscado venir a Jesús, quizás una vez o cientos de veces, pero déjame recordarte que la misma misericordia y gracia con que te recibió la primera vez están disponibles hoy para ti. Cada mañana sus misericordias se renuevan. Si Dios nos dio vida por su misericordia a pesar de que lo ignorábamos, rechazábamos, ofendíamos y hasta incluso lo olvidábamos, cuánta mayor gracia y misericordia nos dará hoy que nos hemos arrepentido y nos acercamos a Él en busca de gracia y transformación todos los días.

Amar a Dios con todo tu corazón, con toda tu alma, con toda tu mente y con todas tus fuerzas no es tan difícil como parece. Amarlo con todo tu ser es rendirle todo. Se trata de dar un paso sencillo, pero para muchos pareciera ser el paso más complicado de sus vidas. Lo cierto es que no daremos este paso con firmeza hasta que no permitamos que el Espíritu Santo nos revele que somos nada, nada tenemos y nada podemos hacer sin Jesús.

No quebraremos nuestros corazones delante de Jesús hasta que no entendamos el valor incalculable de la preciosa gloria de nuestro Salvador. La salvación no se recibe con una simple oración, aunque suele ir acompañada por una oración. La salvación implica la humillación absoluta de nuestro corazón delante de Dios. La salvación es producto de la revelación del Espíritu Santo a nuestros corazones de la hermosura y la majestad de Cristo Jesús y su obra a nuestro favor. Todos los que son salvos reconocen que llegó un momento en sus vidas cuando no pudieron contenerse ante el llamado y la convicción del Espíritu Santo para que rindieran sus corazones a Jesús en arrepentimiento y fe.

> La salvación no se recibe con una simple oración, aunque suele ir acompañada por una oración. La salvación implica la humillación absoluta de nuestro corazón delante de Dios.

Es probable que mientras lees estas palabras el Espíritu Santo esté inquietando tu corazón para que hoy sea el día en que le rindas por completo tu vida a Jesús en arrepentimiento para el perdón de tus pecados y puedas decir como el apóstol Pablo:

Porque para mí el vivir es Cristo, y el morir es ganancia. (Filipenses 1:21, RVR60)

2. «Tomen Mi yugo».
La invitación que Jesús hace tiene una segunda parte:

«Tomen Mi yugo sobre ustedes»

Es interesante que Jesús haya usado un yugo como ejemplo y luego señalara que se trata de un yugo fácil y ligero. El yugo es un artefacto de madera que de inmediato lo relacionamos con peso, trabajo y carga. Sin embargo, esta parte de la invitación es muy importante porque se podría pensar que Jesús dijo que fueran a Él y listo, todo solucionado y ahora uno hace lo que le plazca porque Dios está con uno. Debemos tener cuidado de no caer en esta mentira que hace de Jesús solo un amuleto que nos da suerte. Es triste, pero muchos terminan haciendo eso.

Venir a Jesús también significa morir con Él. Muchos queremos que Jesús nos quite nuestras cargas, pero no queremos someternos a llevar el mismo yugo con Él. El yugo es un artefacto de madera que se coloca en los cuellos de dos bueyes para mantenerlos juntos y sacar mayor provecho del trabajo agrícola. El yugo representa

> Muchos queremos que Jesús nos quite nuestras cargas, pero no queremos someternos a llevar el mismo yugo con Él.

unidad, por lo que esta es la parte de la invitación de Jesús en la que nos llama a morir a nosotros y unirnos a Él. Muchos pueden haber venido a Jesús, pero aún les falta tomar su yugo. Por ejemplo, el joven rico vino a Jesús, pero no tomó el yugo del Señor porque no se rindió por completo a Él.

Me fascina esta parte en que Jesús dice: «Tomen Mi yugo», no el yugo del cristianismo, de la Biblia o de la iglesia. Él nos pide que tomemos *su* yugo. Esto quiere decir que Jesús comparte su mismo yugo contigo, empuja, camina, avanza y se detiene contigo. Él estará contigo cada vez que miras hacia un costado. ¡No estás solo!

Pablo fue sumamente sincero cuando dijo:

> Y Él me ha dicho: «Te basta Mi gracia, pues Mi poder se perfecciona en la debilidad». Por tanto, con muchísimo gusto me gloriaré más bien en mis debilidades, para que el poder de Cristo more en mí. (2 Corintios 12:9)

> **Jesús comparte su mismo yugo contigo, empuja, camina, avanza y se detiene contigo. Él estará contigo cada vez que miras hacia un costado. ¡No estás solo!**

Si compartimos el yugo con Jesús disfrutaremos de la fortaleza de Jesús en medio de nuestra debilidad. Si empezáramos a flaquear y caer, el Señor nos levantará. La buena noticia es que no tenemos a nuestro lado a alguien igual a nosotros con fallas, errores y debilidades, sino a Cristo Jesús que nunca se cansa, nunca falla, nunca olvida, siempre ayuda, siempre ama y siempre estará con nosotros. Por eso Jesús mismo nos anima diciendo:

Yo soy manso y humilde de corazón. (Mateo 11:29)

Esta es la única vez que Jesús abre su corazón delante de nosotros y se describe como manso y humilde. Jesús pudo usar muchos otros adjetivos, como eterno y poderoso, justo y santo, perfecto y soberano. Sin embargo, entre todos sus atributos quiso que tengamos paz al saber que es manso y humilde de corazón. La palabra «manso» puede traducirse como *accesible*. Jesús conoce nuestro dolor. Él sabe lo que es ser tentado, presionado, agobiado y herido. Por eso nos invita a tomar su yugo, porque Él también vivió todo lo que nosotros experimentamos como seres humanos. Te aseguro que no hay mejor yugo para estar que con el de Jesús.

Me gusta pensar que el yugo de Jesús no es solo un objeto simbólico, sino que hace referencia al Espíritu Santo. El Espíritu Santo es quien nos une a Jesús, quien nos ayuda a permanecer en Él y nos permite tomar su yugo. Podría decir que el Espíritu Santo es el yugo que nos une a Jesús. Por eso Pablo afirma:

Por tanto, les hago saber que nadie hablando por el Espíritu de Dios, dice: «Jesús es anatema»; y nadie puede decir: «Jesús es el Señor», excepto por el Espíritu Santo. (1 Corintios 12:3)

El Espíritu Santo nos une a Jesús. Sabremos que una persona comparte el mismo yugo con Jesús porque manifiesta el fruto del Espíritu Santo. No hay mejor lugar para estar que en el yugo de Jesús, o sea, en el Espíritu. Creo

> Podría decir que el Espíritu Santo es el yugo que nos une a Jesús.

que Jesús dijo que su yugo es fácil y su carga ligera porque ejemplifica lo que se siente al vivir en el Espíritu: una vida fácil y ligera.

Por lo tanto, si compartes el yugo con Jesús, tu vida manifestará el fruto del Espíritu: amor, gozo, paz, paciencia, benignidad, bondad, fidelidad, mansedumbre y dominio propio. Nuestra unidad con Cristo no queda demostrada por asistir a la iglesia, los versículos memorizados, las prédicas, el servicio o las oraciones. La mayor prueba de nuestra unidad con Jesús es nuestro carácter, porque el fruto del Espíritu Santo implica nada más y nada menos que nuestra transformación para ser cada vez más semejante a Jesús.

Pablo afirmaba: «Porque todos los que son guiados por el Espíritu de Dios, los tales son hijos de Dios» (Romanos 8:14). Los que no son guiados por el Espíritu Santo no son hijos de Dios porque no comparten el mismo yugo con Jesús y no tienen el Espíritu Santo. El yugo no es un objeto, sino una persona.

Es necesario hacer una advertencia. Si no estamos dispuestos a tomar el yugo de Jesús, entonces viviremos bajo otro yugo que hayamos elegido o uno impuesto por las circunstancias. Muchas veces decidimos o somos forzados a unirnos en yugo con la ansiedad, la preocupación, el miedo, el control, los vicios, el entretenimiento o hasta a alguna relación. Si no decidimos llenarnos de Jesús, el enemigo nos proveerá un compañero de yugo. Jesús sigue llamando e invitando a tomar su yugo. Probablemente ya hayas aceptado la primera parte de su invitación al venir a Él, pero te falta tomar su yugo y rendir tus ideas, tus sueños y tu voluntad a los pies de Cristo.

3. «Aprendan de Mí».

La última parte de la invitación que Jesús hace resulta muy hermosa. Primeramente, nos invita a venir a Él, arrepentirnos y reconocer que estamos cansados y necesitamos descanso para el alma. Luego nos pide que tomemos su yugo, donde decidimos morir a nosotros mismos, tomar nuestra cruz y hacer de Jesús nuestro mayor tesoro. Ahora consideraremos la tercera parte de la invitación:

«Aprendan de Mí».

Venir a Jesús y tomar su yugo no significa que estamos aprendiendo de Él. Este pedido está al final porque requiere una mayor intimidad. Es imposible aprender de alguien y parecernos a él o ella sin estar unidos con esa persona. Puedes estar unido a Jesús, pero no olvides que ir a la iglesia, hacer obras cristianas e incluso ver cómo Dios obra en la vida de otros por medio de nosotros no nos garantiza que estamos aprendiendo de Jesús. Judas, por ejemplo, vivía, comía y caminaba con Jesús, fue testigo de los milagros, señales y maravillas que Jesús hacía, pero aun así no aprendió de Él. ¿De qué sirve decir que seguimos a Jesús si no nos parecemos más a Él? El propósito de ser cristianos es ser imitadores de Cristo y representar a Jesús dondequiera que estemos con nuestra manera de vivir.

Ahora es cuando contemplamos la hermosura de Jesús. Pero no olvidemos que la contemplación de Cristo no se puede dar sin una vida de intimidad con Él. Es en la intimidad donde el Espíritu Santo transforma nuestros corazones e intenciones, revelándonos nuestra condición y debilidad para que cada día nos vayamos humillando más y más delante de Jesús. Judas estuvo muy cerca de Jesús, pero tenía

¿De qué sirve decir que seguimos a Jesús si no nos parecemos más a Él?

un corazón equivocado y dobles intenciones. Nosotros también podemos seguir a Jesús con las intenciones equivocadas. Tal vez lo seguimos porque garantiza seguridad física, emocional, financiera o hasta incluso paz mental. La pregunta que deberíamos hacernos constantemente es:

¿Por qué sigo a Jesús?

Es probable que las primeras respuestas que vengan a nuestra mente sean: porque Él es el Señor, porque murió por nuestros pecados o porque es Dios. No obstante, en nuestro interior podemos encontrar otras razones, como por ejemplo: porque mi familia siempre lo hizo, por lo que van a decir las personas de mí, porque quiero que me vaya bien en la vida. Sin darnos cuenta estamos utilizando a Jesús para nuestro beneficio y no lo buscamos simplemente porque lo amamos.

> Cuando seguimos a Jesús como un medio para un fin y no porque Él es el fin en sí mismo, nuestra espiritualidad siempre será inestable, inconstante y agotadora.

Los Evangelios nos muestran que los contemporáneos de Jesús lo buscaban desesperadamente, pero con intenciones equivocadas. Lo hacían porque los había alimentado milagrosamente y su hambre habían sido saciado. Jesús se convirtió en un medio para un fin y no en el fin en sí mismo. Por eso Jesús les decía: «En verdad les digo, que me buscan, no porque hayan visto señales, sino porque han comido de los panes y se han saciado» (Juan 6:26). Cuando seguimos a Jesús como un medio para un fin y no porque Él es el fin en sí mismo, nuestra espiritualidad siempre será inestable, inconstante y agotadora.

Seguir a Jesús puede ser una carga más que un placer porque lo seguimos por intenciones y motivaciones equivocadas. Sabemos que Jesús puede ofrecernos sanidad, milagros, paz, gozo, provisión, salvación y muchas otras cosas. Pero la razón para seguirlo no debe ser lo que podemos obtener de Él, sino seguirlo porque estamos maravillados por quién es Él, porque amamos su grandeza, santidad, perfección, gracia, perdón y gloria. Lo seguimos por las mismas razones de sus discípulos originales: «Simón Pedro le respondió: "Señor, ¿a quién iremos? Tú tienes palabras de vida eterna. Y nosotros hemos creído y sabemos que Tú eres el Santo de Dios"» (Juan 6:68-69). Solo podremos llegar a seguir a Jesús de esta manera al aceptar la última parte de la invitación que nos hace: «Aprendan de Mí».

A mi esposa y a mí nos encanta ir a las montañas y disfrutar de las hermosas vistas que ofrece la naturaleza. Uno se queda sin palabras al presenciar esos magníficos paisajes. Ni siquiera las cámaras pueden captar ese momento y por eso simplemente permanecemos en silencio y contemplamos la creación de Dios, dejándonos cautivar por toda esa belleza. De la misma manera, debemos hacer lo mismo cuando aceptamos esta última parte de la invitación de Jesús, simplemente contemplándolo a Él y dejándonos cautivar por su belleza y grandeza.

Los hombres y mujeres de Dios que mayor impacto han causado en la tierra han sido los que más amaban a su Salvador. Si consideras a aquellos que han extendido el reino de Dios en la tierra, verás que fueron personas que amaron muchísimo a Jesús, personas que contemplaban absortos la belleza de su Salvador. El Espíritu Santo nos revela que Él es manso y humilde de corazón y eso trae una genuina transformación en el corazón una vez que se nos revela el corazón de Jesús.

¡Déjate cautivar hoy por el corazón de Jesús!

CAPÍTULO

14

Hasta el último día

«Y les dijo: "Vayan por todo
el mundo y prediquen el
evangelio a toda criatura"».

(Marcos 16:15)

PUEDO DECIR CON SEGURIDAD que estamos viviendo los últimos días antes del regreso de nuestro Señor. La venida de Cristo ha sido sinónimo de miedo e incertidumbre para muchos. Sin embargo, la segunda venida de Cristo será el acto más hermoso y glorioso de la historia de la humanidad. En ese día se resumirá el plan divino de Dios: que el hombre esté donde está Él. La motivación de Dios y su deseo ha sido que el ser humano pruebe, vea y experimente su gloria desde el principio del tiempo. Vivir vidas que lo glorifiquen es lo mejor que podamos hacer mientras esperamos la venida de nuestro Rey.

Has llegado al final de este libro y es muy probable que te hayas dado cuenta de que vivir vidas para la gloria de Dios no tiene que ver con lo que puedas hacer, sino con lo que puedas ser. Este libro está por terminar, pero la historia continúa. Tu historia con Dios se seguirá escribiendo, los planes de Dios para tu vida permanecen en pie para que los creas y vivas por ellos.

> En ese día se resumirá el plan divino de Dios: que el hombre esté donde está Él.

> Ya Dios ha puesto todo lo que necesitas dentro de ti y tiene un nombre, se llama Espíritu Santo.

No debes esperar a tener cierta edad para empezar a vivir una vida que glorifique a Dios, no necesitas esperar hasta recibir esa posición para glorificarlo, no tienes que estar casado para hacerlo, no se requiere que seas famoso con muchos seguidores, ni tampoco un ministerio grande. Ya Dios ha puesto todo lo que necesitas dentro de ti y tiene un nombre, se llama Espíritu Santo. Él es nuestro ayudador, consolador, abogado, maestro, consejero y fuente de poder para que vivamos vidas que glorifiquen a Dios. El Espíritu Santo no solo nos permite glorificar a Dios, sino que hace que esa esperanza de gloria siga firme en nuestros corazones diariamente.

Sin embargo, tenemos un deber, un llamado y una obligación antes de que Cristo regrese por su iglesia. El Señor nos dejó este mandato:

Vayan por todo el mundo y prediquen el evangelio a toda criatura (Marcos 16:15)

Somos llamados a preparar el camino para el regreso de nuestro Salvador. Lo hacemos predicando el evangelio para la salvación de vidas. Debemos entender que la Gran Comisión no es una opción, sino una obligación. El mundo conocerá a Jesús por medio de nuestra predicación. Una de las mejores maneras de glorificar a Jesús es a través de la predicación porque, en medio de la incertidumbre y la inestabilidad de nuestra generación, anunciamos al Señor Jesucristo y su obra para que sea salvo todo aquel que crea en Él.

> **Debemos entender que la Gran Comisión no es una opción, sino una obligación.**

Se estima que la iglesia primitiva estuvo conformada por alrededor de treinta millones de cristianos para el año 350 d. C. ¿Cómo lo lograron sin redes, radio, televisión o aviones? Lo lograron porque abrazaron y entendieron la urgencia de la predicación del evangelio. Comprendieron que no es una opción, sino una obligación, un mandamiento para todos los cristianos.

Si obedecemos el mandamiento de amar a Dios y al prójimo, entonces es imposible decir que amamos a Jesús sin amar a los perdidos. Experimentaremos con más fuerza la esperanza de gloria en nuestras vidas cuando la demos a conocer a otras personas. Lamentablemente, el exceso de entretenimiento, la comodidad y los lujos que tenemos han adormecido nuestros corazones a la necesidad de las personas. El mundo necesita escuchar el mensaje de las buenas noticias de salvación y nosotros tenemos el deber de compartirlo. Las vidas que glorifiquen a Jesús predicarán su nombre.

En la actualidad hay aproximadamente 3,2 billones de personas que nunca han escuchado el evangelio, muchas de ellas nunca han visto una Biblia, no saben quién es Jesús y lo peor es que no tienen acceso a la verdad. Por más que busquen y quieran saber no tienen quién les predique y glorifique a Jesús en medio de ellos para que puedan conocerlo. Es irónico pensar que hasta la Coca-Cola ha llegado a lugares a los que el evangelio todavía no llega. Me pregunto: ¿qué estamos haciendo con esta buena noticia que Dios nos ha dado? ¿Será que estamos glorificando a Jesús como deberíamos hacerlo? Las últimas palabras registradas de Jesús a sus discípulos son clarísimas:

> Pero recibirán poder cuando el Espíritu Santo venga sobre ustedes; y serán Mis testigos en Jerusalén, en toda Judea y Samaria, y hasta los confines de la tierra (Hechos 1:8)

Jesús nos manda a testificar de Él y predicar el evangelio hasta «los confines de la tierra», pero donde menos hemos estado es en esos lugares. ¿Nos habremos acomodado tanto que nos conformamos con que el evangelio haya llegado a nosotros y eso sea suficiente? ¿Será que estamos desestimando el deseo más profundo del corazón de Cristo?

Y será predicado este evangelio del reino en todo el mundo, para testimonio a todas las naciones; y entonces vendrá el fin (Mateo 24:14, RVR60)

¿Será que Cristo no regresa por su novia, la iglesia, porque aún no hemos predicado el evangelio del reino en todas las naciones? También me preguntaba, y quisiera también preguntártelo: ¿hasta dónde habría llegado el evangelio si no hubiéramos perdido la urgencia por la predicación que la iglesia primitiva tenía?

Quisiera recordarte que, si estás en Cristo, está esperándote una esperanza firme e inconmovible. Es posible que estemos viviendo los tiempos más difíciles de la historia de la humanidad, pero nuestra esperanza de gloria sigue siendo segura y siempre lo será porque nuestra esperanza está en Jesús, el Rey de reyes y el Señor de señores. Isaías dice:

Porque como descienden de los cielos la lluvia y la nieve, y no vuelven allá sino que riegan la tierra, haciéndola producir y germinar, dando semilla al sembrador y pan al que come, así será Mi palabra que sale de Mi boca, no volverá a Mí vacía sin haber realizado lo que deseo, y logrado *el propósito* para el cual la envié (Isaías 55:10-11)

Jesús prometió volver por nosotros y así lo hará. Vendrá por su iglesia, por ti y por mí. Jesús no es hombre para mentir, es fiel y nunca ha faltado a su palabra. Pedro lo sabía muy bien y por eso dijo: «Todo el que confíe en él jamás será avergonzado» (1 Pedro 2:6, NTV). Su Palabra nunca vuelve a Él vacía, sino que cumple su propósito y siempre lo hará (Isaías 55:11). Es el ancla segura de nuestra alma (Hebreos 6:19). Esta verdad nos lleva a vivir vidas que lo exalten y glorifiquen en todo lo que hacemos y somos.

> La Palabra de Dios es el único libro que te puede llevar a la transformación y la acción, encendiendo tu corazón y revolucionando tu vida por completo.

Este libro está llegando a su fin, pero ha sido mi intención que puedas leer citas y pasajes del libro más poderoso de la historia de la humanidad. No es adecuado considerarlo solo como un libro, pues ha inspirado muchas otras obras, incluso este libro que lees hoy. Ese libro majestuoso ha cambiado mi vida y puede cambiar también la tuya, guiándote a compartir una eternidad con Dios. Se trata de un libro que no tiene fin, que no pasará aunque pasen cielo y tierra. Es un libro que te ruego que no dejes de leer, estudiar, profundizar y amar. Ese libro es la Biblia, la Palabra de Dios. La única manera de asegurarnos de que nuestras vidas permanezcan cada día en el carril que conduce hacia la gloria de Dios es a través de la Biblia. En estas páginas he intentado ayudarte, darte consejos y recordarte cómo vivir una vida que glorifique a Dios, pero la Palabra de Dios es el único libro que te puede llevar a la transformación y la acción, encendiendo tu corazón y revolucionando tu vida por completo.

Este libro ha cumplido su propósito si te ha motivado a leer y meditar en la Palabra de Dios. Asegúrate de estar cada día tan saturado y lleno de la Palabra de Dios como te sea posible. No se trata solo de leer lo más que puedas, sino de deleitarte en su mensaje al máximo, obedeciéndolo con todas tus fuerzas, honrándolo con toda tu energía y siguiéndolo hasta el último día de tu vida.

El esfuerzo por obedecer la Palabra de Dios bajo el nuevo pacto establecido por Jesucristo no tiene como objetivo comprar nuestro perdón y salvación, sino hacerlo por amor a aquel que los compró por nosotros. En la Palabra de Dios encontrarás no solamente el mapa exacto para glorificar a Dios, sino las energías y la pasión para hacerlo, porque guiarte a Cristo es el propósito claro de todas las Escrituras. Él es la culminación de la Palabra de Dios. Has encontrado el propósito de las Escrituras si encuentras a Cristo en cada página de la Biblia. Pídele al Espíritu Santo que te dé ojos

> No se trata solo de leer lo más que puedas, sino de deleitarte en su mensaje al máximo, obedeciéndolo con todas tus fuerzas, honrándolo con toda tu energía y siguiéndolo hasta el último día de tu vida.

> Él es la culminación de la Palabra de Dios. Has encontrado el propósito de las Escrituras si encuentras a Cristo en cada página de la Biblia.

para ver a Cristo a través de las Escrituras cada día. Jesús es el fin de la Palabra. Él es la Palabra. Él es el Verbo:

En el principio *ya* existía el Verbo, y el Verbo estaba con Dios, y el Verbo era Dios. Él estaba en el principio con Dios. Todas las cosas fueron hechas por medio de Él, y sin Él nada de lo que ha sido hecho, fue hecho. En Él estaba la vida, y la vida era la Luz de los hombres. La Luz brilla en las tinieblas, y las tinieblas no la comprendieron. (Juan 1:1-5)

Todo empezó en Él y todo termina en Él.
Jesús es la razón por la cual existimos.
Él es el Principio y el Fin.
El Alfa y la Omega.
Fuimos creados para reflejar su gloria y conocerlo.

¡Señor Jesús, ven pronto!

Notas

Introducción
1. C. S. Lewis, *Mero cristianismo* (Nueva York: HarperCollins, 2006), p. 148.

Capítulo 1: Mi mejor amigo
1. San Francisco de Asís, en William Fay y Linda Evans Shepherd, *Share Jesus without Fear*, (Nashville: B & H, 1999), p. 22.

Capítulo 2: La esperanza de gloria
1. Escritos un cristiano dice, «Jonathan Edwards: el uso de tu tiempo». https://escritosuncristianodice.wordpress.com/2018/04/12/jonathan-edwards-el-uso-de-tu-tiempo/.

Capítulo 5: La imagen visible
1. C. S. Lewis, *Mero cristianismo* (Nueva York: HarperCollins, 2006), p. 189.

Capítulo 6: Mi día a día
1. Universidad de Harvard, https://hbr.org/2010/12/you-cant-multi-task-so-stop-tr.
2. John Piper, *No hay más grande satisfacción*. Sermones, bosquejos y estudios bíblicos. https://www.desiringgod.org/articles/there-is-no-greater-satisfaction?lang=es.

Capítulo 7: Volviendo a lo secreto
1. Charles H. Spurgeon, Lectura matutina 12 de octubre. No. 576 en Metropolitan Tabernacle, Newington. https://www.spurgeon.org/resource-library/sermons/quiet-musing/#flipbook/.
2. Charles H. Spurgeon. «La oración». Lecturas matutinas. https://libreriavozqueclama.blogspot.com/2008/08/la-oracin-por-charles-h-spurgeon.html.

Capítulo 8: El mayor enemigo del lugar secreto
1. Sitio de comparación móvil WhistleOut.
2. Craig Groeschel, *El poder para cambiar* (Nashville: Editorial Vida, 2023), p. 172.

Capítulo 9: El dolor
1. C. S. Lewis, *El problema del dolor* (Nueva York: Rayo, 2006), p. 97.

Capítulo 10: Una vida transformada

1. Peter Higgins. «George Müller», *Truth and Tidings*, https://truthandtidings. com/2020/01/george-mueller/.
2. Steve Burchett, «What Did George Müller Think About the Bible?», https://www. georgemuller.org/devotional/what-did-george-muller-think-about-the-bible.

Capítulo 11: El celo de Dios

1. Martín Lutero, *Large Catechism* 1.1-3, F. Bente y W.H.T. Dau, tr. *Triglot Concordia: The Symbolical Books of the Ev. Lutheran Church* (St. Louis: Concordia Publishing House, 1921), p. 565.
2. Charles H. Spurgeon, *A Summary of Experience and a Body of Divinity*, No. 1806. Sermón pronunciado el 26 de octubre de 1884, en el Metropolitan Tabernacle, Newington. https://www.spurgeongems.org/sermon/chs1806.pdf.
3. John Piper, *No desperdicies tu vida* (Grand Rapids: Editorial Portavoz, 2011), p. 25.

Capítulo 13: Uno con Él

1. Dane Ortlund, *Manso y humilde* (Nashville: B&H, 2021), p. 209.